博瑞森图书
BRAGE
企业阅读 本土实践
管 理 · 人 文 · 生 活

帅

王清华 ◎著

老总有想法 高层有干法

企业中的将帅之道

将

中华工商联合出版社

图书在版编目（CIP）数据

老总有想法，高层有干法：企业中的将帅之道/王清华著．—北京：中华工商联合出版社，2018.7

ISBN 978-7-5158-2329-4

Ⅰ.①老… Ⅱ.①王… Ⅲ.①企业领导学 Ⅳ.①F272.91

中国版本图书馆 CIP 数据核字（2018）第 113056 号

老总有想法，高层有干法：企业中的将帅之道

作　　者：王清华
责任编辑：于建廷　王　欢
责任审读：郭敬梅
封面设计：久品轩
责任印制：迈致红
出版发行：中华工商联合出版社有限责任公司
印　　刷：北京兰星球彩色印刷有限公司
版　　次：2018 年 8 月第 1 版
印　　次：2018 年 8 月第 1 次印刷
开　　本：145mm×210mm　1/32
字　　数：148 千字
印　　张：7.25
书　　号：ISBN 978-7-5158-2329-4
定　　价：88.00 元

服务热线：010－58301130
团购热线：010－58302813
地址邮编：北京市西城区西环广场 A 座
19－20 层，100044
http：//www.chgslcbs.cn
E-mail：cicap1202@sina.com（营销中心）
E-mail：gslzbs@sina.com（总编室）

诸葛亮问鲁肃："何为将帅?"

鲁肃曰："统兵、陷阵、征讨、封疆耳。"

亮曰："此其一也，古今统兵者，均自以为将帅之才，岂不知将帅乃道也。"

没有没有问题的企业，企业为问题而生，企业因问题而亡。企业在发展过程中会遇到各种各样的问题：产品问题、营销问题、生产问题、研发问题……但到底什么是企业发展的核心问题，这个问题众说纷纭，仁者见仁、智者见智，从我多年的企业咨询和企业观察的经验来看，企业的根本问题归根结底还是人的问题，人的问题归根结底是企业的将帅问题。（“将”指企业的中高管，“帅”指企业的董事长、老板、总经理）而将帅的问题很多不是将帅的能力问题，而是将帅之间的内斗与内讧，将帅之间的角色定位，将帅相互之间的协作，将帅之间的沟通以及相互的认同等。很多企业几乎每天都在上演将帅之争的大战，相互之间为怒所败、为怨所败、为傲所败、为亲所败、为狭所败、为礼所败……小则影响企业发展，大则决定企业兴衰。

本书主要就是针对企业将帅之间的问题而写的，从领导者的角度去观察和分析管理者，从管理者的角度去洞察和理解领导者。全书共分为三个部分，其中第一部分主要讲的是将帅的角色定位问题，第二部分主要讲的是将帅之间的区别与不同，第三部分主要讲的是为将之道、为帅之道、将帅之道。

第一部分：何为将帅：要解决好将帅问题，就必须清楚将帅的角色问题，什么叫将，什么叫帅，为将的基本职责是什么？为帅的基本职责是什么？很多企业，为将者不知为将之责、为帅者不知为帅之责，将不像将，帅不像帅，导致企业将帅之间角色定位不清、管理伦理不分。

第二部分：将帅之别：主要讲了将帅之间的区别与不同，将帅的视野之别、将帅的性格之别、将帅的颜色之别、将帅的使命之别、将帅的战略之别、将帅的管理之别、将帅的执行之别、将帅的效果之别、将帅的权利之别、将帅的责任之别、将帅的错误之别、将帅的风险之别、将帅的财务之别、将帅的胜负之别等。

第三部分：将帅之道：道可道，非常道，道讲不清楚，道说不明白，道在心中，道在眼中、道在意会中，道在冥冥中。将帅之道，人之道、心之道、脑之道、行之道、服之道、学之道。

将帅的性格决定了企业的性格；

将帅的视野决定了企业的视野；

将帅的思维决定了企业的思维；

将帅的格局决定了企业的格局；

将帅的胸怀决定了企业的胸怀；

将帅的行为决定了企业的行为；
将帅的能力决定了企业的能力；
将帅的风采决定了企业的风采；
将帅的理念决定了企业的理念。

将帅哲学

深圳市咨询专业委员会专家组组长
华友会华为文化研究院副院长 刘祖轲

有段时间公司的一个副总对我很有意见，很有看法，在他看来，客户的要求、挑剔、投诉、疑难杂症问题处理等事项，他希望是我时刻在处理，甚至亲临客户现场，走在最前线。每当客户找这位副总处理时，我能感受到他的压力非常巨大，加之他本身就是一位追求完美、要求很高的人，有时他就进行压力转移，对我生气、发火，甚至有“蹦起来”的感觉。我们的关系一度有些紧张，相互有看法，我认为他不会解决问题，不勇于去解决问题；他认为我作为公司董事长在躲避问题，回避问题，上纲上线，认为我对客户很不负责任，不讲诚信，价值观甚至都有问题，不像“老大”的样子。

有一次借大家聚餐的机会，我就问他一个问题：“什么是左膀右臂?”他很深入地进行了回答，我说：“没那么复杂，其实很简单，所谓左膀右臂不就是双手嘛，双手一是用来干活儿的，二是当遇到危险时，是用来保护胸膛的，保护脑袋的。”他说：“我一下子明白了。”立刻满满地敬了我一杯酒，还说：“刘总，你为什么不早告诉我啊，我现在才明白什么是左膀右臂。”通过这件事，我也很后悔，为什么不早告诉他，为什么不直接交流，而是采取要人家慢慢去感悟，去体会，多耽误事，还造成那么多不愉快，影响双方感情。

十多年过去了，但是，这件事在我脑海里记忆犹新。

今天，在一个公司里，或者一个组织里，存在大量这样的现象与问题：副手并不知道怎么工作，特别是还不知道怎么正确处理与“老大”的工作关系。同时，还存在一种普便的现象，“老大”不像“老大”，“老大”不知道如何做“老大”。当一个公司大了，业务多了，部门多了，人员多了，副手会越来越多。事业多的时候，事业领军人物也多，即“老大”也越来越多。

前年，南方略公司在给湖南某企业服务时，深深感受到这家企业“老大”与“老二们”（即领军人物与副手们）的问题十分严重，“老大”认为“老二们”远远跟不上自己，执行力严重不到位，但是，没有他们又不行；“老二们”又认为“老大”远离我们，远离实际，甚至“我行我素”，不食人间烟火，双方出现极大的不认可与分歧，已经严重影响到公司的经营管理效率与业务增长。

王清华老师是南方略公司的大股东，是董事总经理，也是一名非常资深的营销专家与管理专家，当时，他亲自负责这个企业的组织变革并担任项目负责人，经过对经营管理的深思熟虑的考量，加之结合对古代历史人物与人文的潜心研究后，王清华老师对该企业高管团队系统地进行了“将帅之道”的专题培训，我非常幸运地在场全程听了这门课。这门课令我非常震撼，结合了中国人文历史、历史人物对企业经营管理进行了深刻解读，从“战场”到“商场”，使我大开眼界，立刻茅塞顿开。毫不夸张地讲，王清华老师的“将帅之道”是近五年来我听到的最独辟蹊径的、收获最大的一门课程。

从 1987 年至今，我从事销售工作，加之进入咨询行业共 30 年，独自撰写或合著的书籍也有 6 本了，但是，还没有看到过一本关于将帅之道的书籍，如何做一名优秀的帅，如何做一名合格的将，帅应该是什么样子的，将应该是什么样子的；我在清华大学经济管理学院全脱产两年多系统学习 MBA 的经营管理课程，毕业后也参加过众多社会上的培训学习与讲座，但是，就是没有听到一门关于将帅之道的课程。关于战略、商业模式、执行力、教练技术、互联网、品牌、华为、股权、众筹等书籍可以说遍地开花。但是，还没有发现一本专业书籍教我们如何做一名优秀的老板，如何做一名优秀的帅；还没有一本书籍教我们如何做副手，如何做一名合格的将。

此时此刻，王清华老师对将帅之道的研究深度与独到见解是具有开创性的，是颠覆性的，他又将培训课程系统地整理、撰写成专业书籍，不是当今众多作者写书籍的“加一加，减一减，换个装，变个脸”。没有对中国古代历史与历史人物的深入研究，就把握不了这些将帅之道的成功精髓；没有当今经营管理的深厚感悟与理解，就不可能把握人类“金字塔”高端最具智慧人士的经营智慧。

一个公司人少，不一定不是优秀的公司；但优秀的公司一定人多，比如沃尔玛、富士康、华为；但是，人多的公司不一定是优秀的公司，如果不善于经营，处处亏本，怎么会优秀?!言下之意，公司要做大做强，做成优秀、卓越的公司，就一定会面对人多的问题，人多就会有将帅。清华大学经济管理学院宋学宝教授说“一个企业的成功往往是企业家的成功”，可见，帅甚至决定了企业的生死与优劣，但是，企业一大，就有了很多副手，很多将，企业的成功，又是将帅合作的成功。

今天的市场竞争无比残酷，一批批优秀的企业倒下，一批批新生的企业喷薄而出，企业是由将帅决定的，将帅之间的沟通是需要讲究效率的。深圳——中国经济的新领头雁与新发动机，我在《深圳基因》这本书籍中总结的深圳第一大基因就是“速度”，今天，我们要做的就是快速学习！

导读

序

一、何为将帅

二、将帅之别

三、将帅之道

一、何为将帅

1. 将帅决定了企业的命运

企业的董事长、总经理、老板、创始人就是企业的帅，企业的副总、总监、部长、经理等就是企业的将。企业的管理者构成了企业的将帅。企业的发展是由将帅决定的，一个企业能够走多远，取决于企业的将帅能够看多远；一个企业能做多大，取决于企业将帅的心有多大；一个企业能够做多强，取决于将帅有多强；一个企业能爬多高，取决于将帅能站多高；一个企业的管理能力取决于将帅的管理能力。将帅强，企业强；将帅兴，企业兴；将帅弱，企业弱；将帅争，企业危。

一个企业只能在将帅的思维空间内成长，一个企业不可能跳出将帅的思维空间，有一句话叫“思想有多大，舞台就有多大”，将帅的思维空间决定了企业的发展空间，将帅的思维决定了企业的发展舞台。一个企业的成长受限于企业将帅能达到的战略高度，一个企业不可能跳出将帅的战略高度，将帅的战略高度决定了企业的发展高度。将帅决定了企业的命运，将帅决定了企业的发展，将帅决定了企业的生死。很多企业最大的问题不是产品的问题，不是市场的问题，不是技术的问题，而是将帅的问题，将帅的问题主要表现在：职责不分、权责不清，将不干将的事，将干帅的事，帅不干帅的事，帅干将的事；沟通不畅、沟通无效，将不找帅沟通，帅不找将交流，你埋怨我，我抱怨你，意见不统一，企业的问题归根结底是将帅的问题。将帅无能，累死三军。

- 没有马云的十八罗汉，就没有今天的阿里巴巴；
- 没有马化腾及其将帅，就没有今天的腾讯；
- 没有李彦宏及其将帅，就没有今天的百度；
- 没有雷文勇及其将帅，就没有今天的铁骑力士；
- 没有董明珠及其将帅，就没有今天的格力；
- 没有张瑞敏及其将帅，就没有今天的海尔；
- 没有柳传志及其将帅，就没有今天的联想；
- 没有任正非及其将帅，就没有今天的华为；
- 没有王健林及其将帅，就没有今天的万达；
- 没有梁建疆及其将帅，就没有今天的泰昆；
- 没有徐留平及其将帅，就没有今天的长安；
- 没有孙冠军及其将帅，就没有今天的东宇鸿翔；
- 没有乔布斯及其将帅，就没有今天的苹果；

- 没有韦尔奇及其将帅，就没有今天的 GE；
- 没有王石及其将帅，就没有今天的万科；

……

2. 何为将

什么叫将，将和帅有什么区别呢？将在企业里到底该做什么，不该做什么？我们只有理解什么叫将，才能当好将、做好将。很多企业将帅不分，将不干将的事，帅不干帅的事，将不像将，帅不像帅，将帅不分。因此，弄清楚什么是将，是我们作为将的基本条件和前提条件。

到底什么是将呢？我们来看一个故事：

曹彰是曹操和武宣卞皇后所生的第二个儿子，曹丕之弟，曹植之兄，没有曹丕、曹植兄弟俩出名，但也是很厉害的人，因为胡须是黄色，被曹操昵称为“黄须儿”。曹彰小时候不喜欢读书，但喜欢使枪弄棒。有一次，曹操教导他：“你不向往读书学习圣贤之道，却好骑马击剑，这都是只能对付一个人的，哪值得珍贵？”曹操督促他学习《诗经》《尚书》。曹彰对身边的人说：“大丈夫应当像卫青、霍去病那样做大将军，率领十万士兵在沙漠上驰骋，驱逐戎狄，建功立业，哪能做博士呢？”

曹操有一次问几个儿子的爱好，让他们各自说出自己的志向。曹彰说："我要当将军。"曹操说："做将军干什么呢？"曹彰回答说："披坚甲，握利器，面临危难不顾自己，身先士卒，有功必赏，有罪必罚。"曹操哈哈大笑。对曹彰的回答很是满意，从此，也就不再教训他要好好读书了。曹彰最终也成为曹魏一名优秀的武将。

这段对话告诉我们更具体形象的将：将就是要利用自己的能力与优势，敢于面对强敌，敢于亮剑，敢于冲阵杀敌，攻城夺寨，敢于冲在第一线，敢于实现帅的战略目标和夺取战略要地。将也是一个队伍的建设者和管理者，对于士兵记录要严明，有功必赏，有罪必罚。没有士兵的将不是将，带不好士兵的将更不是好将。

在企业中，有营销大将、生产大将、财务大将、研发大将、采购大将，作为企业的大将，我们也要有将的气场和气势，就是要敢于直面企业的问题，敢于解决企业的问题。面对强敌，敢于亮剑，敢于以身作则，敢于身先士卒，带领团队、训练团队。但我们经常发现很多大将缺乏将的气场与气势，经常和帅讲条件、讲困难、讲问题、讲理由，在问题面前逃避，在困难面前退缩，在队伍面前违规，背离了为将的基本精神和准则。柳传志说："企业里至少要有八种将：能带兵打硬仗的营销大将；会慧眼识人的人力大将；懂得斯巴达克方阵的组织大将；带领团队学习成长的培训大将；舍小家为大家的奋斗大将；追求共同利益和远大目标的患难大将；能建立广泛人际关系的公关大将；能适应并采取现实策略的应变大将。"

《孙子兵法》说：为将者：智、信、仁、勇、严也。

为将之智：在《三国演义》里，张飞给人一种猛张飞的形象，我们往往认为张飞是有勇无智的将。实际上，张飞在义释严颜的过程中就表现出了大智慧、大谋略。如果一个将有勇无智，则不能称为真正的将。作为企业的将，手中把握的是企业生存、发展的命脉，如果没有过人的智慧，那么他带领的企业的前景必将暗淡。管理团队需要智慧，工作创新需要智慧，推动变革需要智慧，落实执行需要智慧。知识就是力量，这句话包含着“智”与“能”。“智”正是让我们正确地把知识运用到管理中，并把它转化为力量、发挥能量。而管理者恰恰需要运用自己的智慧合理地管理和利用资源，使之发挥能量为企业所用。

为将之信：作为一个将，在某种意义上，你的一言一行就代表了企业的一言一行，已经不单纯代表个人的一言一行了。信是为人之根本所在，“信”虽无形但却是一种宝贵的财富。众所周知，对于一个企业来讲，金钱的损失是可以计算挽回的，而失去信誉所造成的损失却是难以计算，甚至不可挽回。企业的管理者也一样，一旦失信于员工，后果不仅仅限于人格和威信的下降，还要坐收在管理中无法得到员工认同和支持的恶果。

为将之仁：任能服众，作为企业的一个将，要得到大家的支持和认可，必须把众人团结到自己的身边，惩罚只是管理的一种手段绝非管理的本质。“石可破，但不可夺其坚。”也就是说，在管理中，你惩罚员工很容易，但让员工心服口服、从此改正错误却绝非易事。而管理中的“仁”更多地体现为“双赢”，管理者赢得管理，员工赢得利益。管理中并非为“管”而“管”，而是为“理”而“管”。

为将之勇：“将不勇，则三军不锐。”也就是说，作为一个管理者，如果没有迎难而上、乘风破浪、历险前行的“勇”，则无法带领团队有所作为，管理中的“勇”并非独立存在，而是与“道”和“智”相辅相成。何为大智大勇？难不畏险，进不求名，退不避责。管理是一个艰险的路程，遇到困境和非议时需要“勇”，这时的“勇”就是不畏艰难险阻，始终坚持自我向正确的方向前进；工作中取得成绩之时同样需要“勇”，这时的“勇”就是不居功、贪恋名利；工作中遭遇失败时更加需要“勇”，这时的勇就是不居功、不贪恋名利；工作中遭遇失败时更需要承担责任并改正错误。

为将之严：中国有句俗话叫“军令如山”，就是说军令就像大山一样威严、庄重、不可侵犯，有了这样严格的纪律，军队才可以有统一的领导、统一的指挥、统一的号令，在战场上才会有披荆斩棘、所向披靡的战果。我们都知道，曹操在攻打袁绍的时候，为了获得百姓的支持，曹操制定了一条严格的军纪就是：“杀鸡狗者，如杀人也。”在第二次征讨张绣的时候，曹操的队伍在经过麦田时，大家都下马用手扶着麦秆，小心地蹚过麦子，这样一个接着一个走过麦地，没一个敢践踏麦子的。老百姓看见了，没有不称颂的，有的望着官军的背影，还跪在地上拜谢。曹操骑马正在走着，忽然，田野里飞起一只鸟儿，他的马受惊了，蹿入田地，踏坏了一片麦田。曹操立即叫来随行的官员，要求治自己践踏麦田的罪行。官员说：“怎么能给丞相治罪呢？”曹操说：“我亲口说的话都不遵守，还会有谁心甘情愿地遵守呢？一个不守信用的人，怎么能统领成千上万的士兵呢？”随即抽出腰间的佩剑要自刎，众人连忙拦住。这时，大臣郭嘉走上前说：“古书《春秋》上说，法不加于尊。丞相统领大军，重任在身，怎么能自杀呢？”于是，曹操就用剑割断自己的头发说：“那么，我就割掉头发代替我的头吧。”曹操又派人传令三军：丞相践踏麦田，本该斩首示众，因为肩负重任，所以割掉头发替罪。

剪头发是很正常的事，可是古人认为，头发是从父母那里继承来的，随便割掉不仅大逆不道，还是不孝的表现。在管理中也应该有三严。

其一，制度严。在管理中如果没有严格的规章作为标榜和约束，那么企业就没有了规矩，纪律必然松散。

其二，赏罚严。在管理中如果没有明确而严格的赏与罚，那么就会缺乏激励和制约，其法令必然难以贯彻执行。

其三，律己严。作为管理者，如果无法做到以身作则、严于律己、宽以待人，那么就会无法服众。

3. 何为帅

在企业里，老板就是帅，董事长就是帅，总经理就是帅。帅之所以叫帅，不是说长得帅。作为企业的帅，就是要有帅样，要有帅形，要洒脱，干得轻松。什么叫帅呢？将帅又有什么区别呢？

严舆是三国时江东诸侯严白虎的弟弟，孙策在征讨江东的时候，严白虎派其弟严舆出征，孙策一见严舆气焰嚣张，心头一怒，头脑一热，就想亲自上、亲自干、亲自打。孙策的谋臣张纮马上说："你是三军的统帅，大家的性命都在你身上，你亲自去打一个无名小卒是不值得的、是没有意思的，希望你尊重自己主帅的名号。"孙策马上回答："你说得太好了，这是金玉良言，但是我担心不亲自杀他，将士们不敢拼命往前冲，我更怕将士打不过他。"说完这些话后，孙策控制了自己亲自上阵的冲动，马上派韩当出马打严舆。韩当三下五除二就把严舆搞定了。

我觉得这段话非常精彩，说出了很多帅的心里话。我发现很多企业的帅在很多时候没有帅样，经常亲自干一些事务性工作，为什么会出现这种情况呢？原因不外乎有三个：自己就是想干，不干心里难受得很，没事找事干，好表现、好显摆，我就是比你们能干；怕下面的人干不好，总以为自己能干好，总以为自己比下属干得好；下面的人没干好，只能被迫自己干。

针对第一种情况，帅偏离了帅的角色，干了帅不该干的事情，抢了将的饭碗。帅一定要分清帅内之事和帅外之事，帅外之事一定要约束自己少去干、不去干。那么，什么是帅内之事和帅外之事？王石有一篇文章谈到，作为帅、作为董事长，不外乎就是三件事。

一是决策，企业的战略决策。企业的战略决策是董事长的主要工作和核心工作，公司的方向是什么、公司的定位是什么、公司的目标是什么、公司的未来是什么、如何组织公司的资源实现公司的战略目标，战略不是要求更多，而是尽量做减法，甚至要做除法。当时，万科什么都做，最后万科砍掉了与房地产无关的项目，只做房地产，把房地产做大、做精、做强。

二是用人，更多地用人，更好地用人。作为公司的帅，就是要挑选良将，要相马，更要赛马，马不赛，不知谁跑得快。好的企业管理当然要更多地用人，而且要用合适的人和优秀的人，这些人就是企业的好将、良将。

三是承担责任。董事长要敢于承担责任，要敢于承认错误，很多公司的董事长不愿意承担责任，认为责任都是下属的，到自己这里，责任没法追究、没法考核了。没人敢追究，没人敢考核。一个不承担责任的人，怎么能让别人承担责任呢？

针对第二种情况，有可能是将的能力还不够，帅对将的能力不认可。这时，帅不是亲自干，而是要指导将去干，提升将的能力和水平。

针对第三种情况，将干不好事，帅不得不去干将内之事，我们就要去找能干将内之事的将，而不是自己替代将去干将的事。长此以往，帅就不是帅，帅就成了将。公司如果没有帅，是极其危险的事情。

为帅者：儒表法里，道本兵用。帅表面上是儒家，追求天时、地利、人和。帅的内在是法家，追求制度和流程的严格执行。帅的根本是道家，有所为有所不为，帅实际使用的是兵家，兵家以利为核心，以利动、以利止。

帅不可怒而兴师。就是说帅不能在愤怒的情况下做出决策，人们在愤怒的情况下做出的决策大多是冲动的决定，甚至没有经过大脑的思考，往往会给企业带来损失和灾难。三国时，关羽被东吴潘璋旗下马忠杀死，刘备为实现“不求同年同月同日生，但求同年同月同日死”的誓言，怒而兴师，不管手下谋士的苦苦劝导，邀约张飞一起为兄弟报仇，还没出发，就导致兄弟张飞被手下所杀。刘备痛上加疼、悲上加悲、怒上加怒，大伐东吴，结果在夷陵之战中被陆逊火烧连营，大败而归，还没有回到成都，就魂断白帝城了。夷陵之战是蜀国的转折点，是蜀国由盛及衰的开始。帅怒而兴师的代价实在是太大了。

4. 帅之风采

为帅之人能做到“运筹帷幄之中，决胜千里之外”是非常了不起的，是为帅的极致表现，是为帅的最高境界，是为帅之人追求的终极目标。要达到这种理想状态，至少需要为帅之人具有以下三个基本条件。

一是对过去的发展、现在的形势、未来的趋势非常了解；

二是对于竞争对手也是洞悉人心，知道竞争对手的优势、劣势，从而判断出取胜的机会和面临的威胁；

三是能够根据实际情况，做出正确的战略决策和解决办法。

4.1 思想引领

一个没有思想的公司是没有明天的公司，在管理学中有一句名言："播下一种思想，收获一种行为；播下一种行为，收获一种习惯；播下一种习惯，收获一种性格；播下一种性格，收获一种命运。"只有思想统一，公司才能形成统一的方向和目标，才能实现统一的步骤和节奏，才能产生强大的合力和人力。

刘备一生都在逃跑（从徐州跑到冀州、从冀州跑到荆州、从荆州跑到益州），一生都在打败仗（败吕布、败曹操、败袁术、败孙权），一生都在哭泣（见了兄弟哭、见了皇帝哭、见了老婆哭、见了儿子哭、见了丈母娘哭、见了对手哭、打了败仗哭、打了胜仗也哭，甚至见了腿上长肉还要哭，哭得衣袖皆湿、哭得惊天动地。在《三国演义》里，刘备前前后后哭了一百多次。纵观中国历史上下五千年，刘备应该是最能哭的帅了），但为什么还能三分天下？

最重要的是，刘备有"匡扶汉室"的思想，通过这个思想，即使在最困难的时候也充满了激情；通过这个思想，他团结了一帮兄弟为他出生入死、在所不惜；通过这个思想，走到哪里，人家都想把地盘给他，三让徐州、抢荆州、夺益州；通过这个思想，从一个农民成了一个皇帝。有人说刘备能夺天下，是在于重情重义。细看《三国演义》发现，刘备在很多时候都是无情无义。说刘备无情，每次打了败仗都是丢了老婆、孩子自己先跑，跑到最前面，应该算是一个“长跑冠军”，很多时候都是一个人跑到没有人的地方。第一次在徐州跑，害得关羽为保护他的老婆、孩子，被曹操所擒；第二次在长坂坡跑，害得赵云险些丢了性命。很多时候，即使没有跑，也在想跑的事情，比如在袁绍那里想如何跑，在曹操那里也在想如何跑。

没有思想，刘备就不会在 46 岁还没有自己的根据地的时候依然在坚持；没有思想，刘备就不可能在其他诸侯地盘上苟且逃生；就是这个思想，陶谦才三让徐州；就是这个思想，刘表托孤荆州；就是这个思想，刘璋才引进益州。

我们再来看一下曹操靠什么夺取天下的：曹操一生都在进攻（攻董卓、攻陶谦、攻吕布、攻张绣、攻张邈、攻袁术、攻袁绍、攻刘表、攻孙权、攻刘备、攻张鲁、攻马腾、攻马超、攻乌桓），曹操一生都在哈哈大笑。笑天下诸侯、笑人间百事、笑胜负输赢、笑恩恩怨怨，或大笑，或真笑，或假笑，或自笑，但曹操不是不哭。在《三国演义》里，曹操哭了 3 人哭了 7 次。

一哭袁绍。世间最重要的对手死了那种孤独的哭。袁绍和曹操是发小，小的时候，曹操是跟着袁绍一起混的，有一次兄弟俩商量去偷别人的新娘子，结果在逃跑的路上，袁绍掉在了荆棘丛里无法出来，曹操大喊一声小偷在这里，袁绍一听猛然一惊，一下子从荆棘里跳了出来，兄弟俩又一起逃跑了。

二哭典韦。“周郎妙计安天下，赔了夫人又折兵”，是取笑周瑜偷鸡不成蚀把米。但相比曹操，这简直是小儿科，曹操征绣成五配，临终不忘伤心事，一赔大将典韦、二赔儿子曹昂、三赔侄儿曹安民、四赔千里马绝影、五赔丁夫人。曹操讨伐张绣的时候，张绣不战而败，举手投降，曹操沾沾自喜，在军营里问侄儿曹安民，城里面有没有美人。曹安民说："有，昨天我就看到一个美人，晚上就帮你找来。"当天曹安民就把这个美人送进了曹操的房间，曹操一见就喜欢得不得了。这个美人是张绣的叔叔张济的老婆，张绣深感奇耻大辱，于是开始造反，杀进曹营，典韦身中上百刀枪而死、杀了曹安民，曹昂为了保护父亲曹操也战死沙场，千里马绝影也被乱箭射死。曹昂是丁夫人唯一的过继儿子，母子感情很好，回到家后，天天问曹操要儿子，最后离家出走回娘家再也没有回来。曹操三哭典韦就是这件事。直到曹操临死的时候还说：九泉之下，昂儿问我他妈在哪里，我怎么回答呀。

三哭郭嘉。郭嘉是曹操统一北方的首席军事谋士，特别是在赤壁之战曹操的三笑一哭，可谓帅的极致风采。乌林之西，曹操哈哈大笑，引出了张飞；路口，曹操哈哈大笑，引出了赵云；华容道，曹操哈哈大笑，引出了关羽。到了曹营安全以后，曹操反而痛哭流涕，"惜哉孝先、哀哉孝先、疼哉孝先，孝先在此，何至于此"。

曹操一生都在网罗人才。曹操对人才具有强烈的吸引力，大多文臣武将都是自己追随的，荀彧、荀攸、郭嘉、程昱、刘晔、鲍信、华歆、曹家军、夏家军、五子良将、二十猛将，基本上 50% 的三国人才都在曹操旗下。曹操才是真正的重情重义重利之人，曹操重情，重儿子情、重老婆情；曹操重义，对关羽情深义重，对众将奖罚分明；曹操重利，谁打的地盘谁就管辖。曹操不是简单地靠重情重义重利夺取天下，还依靠伟大的思想夺取天下。曹操与袁绍十八诸侯攻打董卓的时候，曹操曾问袁绍："如果我们这次失败了，你怎么办？"袁绍说："我坐拥河北，可以依靠河北而定天下也。"袁绍反过来问曹操："你怎么办呢？"曹操说："我依靠天下人之智，以仁取天下也。天下人之智，如果没有这个思想，曹操怎么会迎接天子到许都；如果没有这个思想，曹操怎么能容得下各路诸侯、精兵强将；如果没有这个思想，来自五湖四海的各类人才哪能融洽相处。"

4.2 把握大势

个人干不过团队，团队干不过组织。没有成功的企业，只有时代的企业；昨天成功的企业，今天不一定会成功；今天成功的企业，明天不一定会成功。企业只有跟随时代的变化、时代的趋势，顺应大势，调整思路，才能成为成功的企业。曾经的诺基亚、摩托罗拉等明星企业，今天已经辉煌不再，中国每十年一个时代，每十年一个消费群体，每十年一个大趋势，未来时代的更迭速度还可能变得更快。20 世纪 80 年代是乡镇企业家的天下，20 世纪 90 年代是制造企业家的天下，21 世纪初是房地产企业家的天下，如今是互联网企业家的天下，再过十年有可能是智能企业家的天下。我们只有跟随时代的脉搏跳动，才能使企业保持活力、保持青春。与时代为敌，与趋势为敌，就是与自己为敌。

为帅之人的风采在于对趋势的分析、对趋势的判断、对趋势的把握，趋势分为宏观环境大趋势、消费趋势、产品技术发展趋势、客户需求趋势等，今天就是昨天的趋势，从今天可以看出昨天的趋势是如何变成今天的趋势的，从今天的细微变化可以洞察明天的趋势。今天红红火火、轰轰烈烈的东西不一定成为明天发展的趋势，反而今天一些细小的变化有可能成为明天的趋势，趋势从一开始都是很微小的，趋势从来都是局部的，趋势从来都是小众的。

刘备一生颠沛流离、寄人篱下，要人没人、要地没地，直到遇到了诸葛亮，二人隆中对："自董卓独掌大权以来，各地豪杰同时起兵，占据州、郡的人数不胜数。曹操与袁绍相比，声望少之又少，然而曹操之所以能打败袁绍，凭借弱小的力量战胜强大的原因，不仅依靠的是天时，也是人的谋划得当。曹操拥有百万大军，挟持皇帝号令诸侯，确实不能与他争强。孙权占据江东，已经历三世了，地势险要，民众归附，又任用了有才能的人，只可以把孙权作为外援，不可谋取他。荆州北靠汉水、沔水，一直到南海的物资都能得到，东面和吴郡、会稽郡相连，西边和巴郡、蜀郡相通，这是大家都要争夺的地方，但是它的主人却没有能力守住它，这大概是天拿它用来资助将军的，将军你可有占领它的意思呢？益州地势险要，有广阔肥沃的土地，自然条件优越，高祖凭借它建立了帝业。刘璋昏庸懦弱，张鲁在北面占据汉中，那里人民殷实富裕、物产丰富，刘璋却不知道爱惜，有才能的人都渴望得到贤明的君主。将军既是皇室的后代，而且声望很高，闻名天下，广泛地罗致英雄，思慕贤才，如饥似渴。如果能占据荆、益两州，守住险要的地方，和西边的各个民族和好，又安抚南边的少数民族，对外联合孙权，对内革新政治，一旦天下形势发生了变化，就派一员上将率领荆州的军队直指中原一带。将军亲自率领益州的军队从秦川出击，老百姓谁敢不用竹篮盛着饭食、用壶装着酒来欢迎你呢？如果真能这样做，那么称霸的事业就可以成功，汉室天下就可以复兴了。”

没有这段对天下大势的趋势分析，刘备还是无头苍蝇，四处乱撞。自从有了这个趋势分析，刘备不到五年，就三分天下有其一。

4.3 知人善任

知人，就是要了解人，指的是对人的考察、识别、选择；善任，就是要善于用人，指的是对人要使用得当。知人善任，就是要认真地考察人才、确切地了解人才，把每个人才都安排到适当的岗位上去，让他们充分地发挥自己的特长、施展才干。这是做好帅的根本任务之一。帅的职能归结为决策、用人、思想工作。领导与管理的区别在于领导侧重于人，管理侧重于事，为帅核心在领导，核心在用人。“金无足赤，人无完人”“君子用人如器，各取所长”。着眼于人的优点和长处，就能发现人才、用好人才、留住人才。管理者若求全责备，对下属总是横挑鼻子竖挑眼，就会人心离散。只有用其所长，各得其所，大家才能心情舒畅，团队效率自然会不断提高。

要慧眼识人：在选人的过程中，要求管理者摘掉有色眼镜，尽可能以平和的心态、立足于企业的未来发展来对待人才的识别和引进。选人要与具体工作任务及工作任务的发展相互结合，合理确定工作任务对人之专长的需求。

要理性育人：企业要舍得在人才培养方面投入，只有合理投入才能有合理的回报，同时要打通人才的内部成长通道，为每一位做出贡献的员工提供良好的发展平台，并与员工共同设计合理的职业生涯规划。当员工能力确实超出企业的现有需求，而企业现有资源和能力又难以满足员工发展的需求的时候，企业要有勇气让员工出去实现自己的追求。

要专注用人：要专注于用人之长，在用人过程中要充分发挥员工的专长，并根据有关变化及时调整，动态地实现人的专长能力与工作任务的合理匹配。

要宽厚待人：帅的心胸有多大事情就能做多大。宽厚待人的企业领导会不断地把企业带到一个个崭新的高度，一定要记住我们是在用人之长，而不是用人之短，人无完人，谁都不可避免地会犯错误，这时候就需要管理者宽厚地处理。

要真诚留人：激励机制是企业留人的重要手段，健全的激励机制不仅体现了企业高层领导的智慧，还体现了一种真诚，这种真诚是对人尽其才的一种回报和尊重。

4.4　令行禁止

商朝末年，纣王暴虐无道，大肆挥霍民脂民膏，姬昌周文王知道纣王的日子不会太长，就联络各地诸侯准备推翻商朝的统治。在临终前叫儿子姬发周武王到床前，教导他要做到令行禁止才会成就王业。姬发继承父亲的遗志起兵，终于推翻了商朝的统治。

在企业发展阶段，帅是公司的权威，说一不二。但随着企业的发展，人越来越多、将越来越多、议论越来越多、抱怨越来越多，帅的指令开始遭到质疑，甚至遭到抵触，开始出现扯皮，企业面临更多的不是外部问题，而是内部的高层质量、高层管理问题，面临的不是员工问题，而是将帅之间的问题。

这时往往会出现以下几种情况：一是大家各有各的想法，意见得不到统一，很多决策久拖未决；二是大家表面上统一了某个决策，但内心不完全认同，安排下去的事情不做，或者安排下去的事情不认真做；三是大家沉默了，不说话，每次会议都是领导在上面说一句，大家不说好，也不说不好，回去以后能做的就做，不能做的就不做；四是双方越看越不顺眼，你看不惯我，我看不惯你，你不愿意和我沟通，我不愿意和你沟通；五是帅的权威开始动摇，甚至不被尊重，有的人甚至直接顶撞他。但是，我在这里要提醒一点，帅的权威遭到质疑，不是帅的危机，而是将的危机，帅的日子不好过，将的日子也好不了。帅烦将苦，帅忧将虑，帅愁将烦。刘备的日子不好过的时候，关羽、张飞的日子也不好过；刘备地盘小的时候，关羽、张飞的地盘也不会太大；刘备哭的时候，关羽、张飞也不敢笑。

要做到令行禁止，有三个前提条件：一是将对帅是否认同；二是指令是否是正确的，牵一发而动全身，帅的指令一定是通过多方面考虑发出的，切记意气用事；三是指令是否有条件执行。

5. 将之风采

5.1 燕人张翼德在此，谁敢来决一死战

将之风采在于敢于面对强敌、敢于面对问题，这是一种气场与气势，是一种能力与能量，更是一种意志与决心。我们都知道，曹操打败刘备，曹操追击刘备至当阳长坂坡，张飞手绰蛇矛，立马桥上，大喝曰："燕人张翼德在此，谁敢来决一死战。"声如巨雷，吓得曹操回马而走，众将也一起西奔，弃枪丢盔者不计其数。有诗云："长坂桥头杀气生，横枪立马眼圆睁。一声好似轰雷震，独退曹家百万兵。"为将就是敢于走在前面，敢于面对风险。

为将之人就是要帮助帅解决各种各样的问题，冲锋陷阵，攻城略地。在实际工作中，基本上可以把将的工作分为两类：一类是日常熟悉的，有经验的、有套路的、有方法的工作，这类工作我们能得心应手；另一类是我们日常没有遇到的新问题，在新的问题来临时，每个人都会本能地后退，会恐慌、烦躁、担心、害怕。但就新问题本身而言，又可以分为两类：一类虽然是新问题，但是我们完全有能力解决，只是我们还不知道自己能解决，甚至知道并解决了，也不确定是否是正确的；

另一类是我们本身没有解决问题的能力和水平，需要借助外部资源和人员协同解决，甚至就是需要外部力量解决的。

在服务客户的过程中，我也会遇到这类问题，有时也感到害怕和彷徨。记得有一次我给我的帅刘祖轲先生打电话，问："这个问题怎么解决？好难啊！这么办？做不了。"刘总对我说："清华，我们的价值就在于能够解决客户的问题，我们就是为问题而生的人，这个问题我帮你解决不了，还得靠你自己去解决。"是呀，我们就是为问题而生的人，做咨询就是帮助客户解决问题，我们就是帮助老板解决问题的人，怎么能把问题推给老板。从此以后，在工作中不管遇到什么样的问题，我都尽量想办法解决。在面对各种各样的问题时，我也更加坦然一些、淡定一些、从容一些。在实际工作中，确实存在一些我们无法解决的问题，但不论什么样的问题，我们都应全力以赴地解决，不断地问自己："我的方法用完了吗？我的时间用完了吗？我的资源用完了吗？"尽我们所能解决这些问题，而不是排斥这些问题、逃避这些问题。最后，你会发现，时间是解决问题的最好手段，问题都会因为时间不成为问题，昨天的问题，今天已经不是问题，今天的问题，也许明天就不是问题了。

5.2 谁敢横刀立马？唯我彭大将军

将之风采在于勇于担当。有人说："桥的价值在于承载，人的价值在于担当。"面对机遇与挑战、困难与风险，担当是一种人生价值取向，担当是一种态度，担当是一种直觉，担当是一种境界，担当是一种修养，担当是一种精神，担当是一种责任，担当是一种行动。简单地说，担当就是承担并负起责任，是人们在职责和角色需要的时候，毫不犹豫、责无旁贷地挺身而出，全力履行自己的义务，并在承担义务中激发自己的全部能量；勇于担当，就是要有强烈的责任意识。“在其位，谋其政”，把高标准履职尽责作为基本要求，做到日常工作能尽责、难题面前敢负责、出现过失敢担责。工作中要时刻不忘肩负的神圣职责，勇挑担当重任，在矛盾和问题面前敢抓敢管、敢于碰硬；面对重大原则问题要立场坚定、旗帜鲜明；面对改革发展深层次矛盾问题要迎难而上、攻坚克难；面对急难险重任务要豁得出去、顶得上去；面对各种歪风邪气要敢于较真、敢抓敢管。

敢于担当，就是要有担当重任的能力。“没有金刚钻别揽瓷器活”，勇于担当不是逞匹夫之勇，而是要有着眼大局的视野，创造性地解决问题的能力，如果水平跟不上，只会好心办坏事。要做到能够担当，就必须不断学习、不断实践、不断总结，要学会运用战略思维、创新思维、辩证思维、底线思维、法治思维来解决问题。

敢于担当，就是要有负责担当的底气。打铁还需自身硬，只有自己行得正、做得端，才有底气去做别人的工作。如果自身存在问题，就会前怕狼后怕虎、畏首畏尾，不敢去硬碰硬，不敢去较真。党员干部要敢于担当，就必须树立正确的权利观、地位观和利益观，做到自重、自省、自警、自励；不断加强党性修养，不为名利所累，不为物欲所惑，不为人情所扰；

堂堂正正做人，老老实实做事，做到一尘不染、一身正气、廉洁奉公。也只有这样，才能让别人信服你。

5.3 将在外，军令有所不受

将之风采在于有变通：孙武用宫女练兵，三令五申后以吴王两个爱妃为首的三百宫女仍然嬉闹不听将令，孙武要斩杀领队的吴王两个爱妃，吴王派人持节杖要求赦免。孙武说军中无戏言，将在外，军令有所不受。仍斩杀二爱妃，又挑选两名队长继续操练，把三百宫女训练得像正规部队一样。

一位高僧，是一座大寺庙的方丈，因年事已高，心中思考着准备接替之人。一日，他将两个得意弟子用绳索吊放于寺院后的悬崖之下，对他俩说："你俩谁能凭自己的力量从悬崖下攀爬上来，谁就是我的接替之人。"这两个弟子，一个叫明坚，一个叫明远。悬崖之下，身体瘦弱的明坚，屡爬屡摔，摔得鼻青脸肿，还顽强攀爬，当拼死爬至半壁，无处着力时，摔落崖下，头破血流，气息奄奄，最后高僧不得不用绳索，将他救助上来。而身体强健的明远，攀爬几次不成功后，便沿着悬崖下的小溪，顺水而下，遇树林，出山谷，然后游名山，访高师。一年之后，明远才回到寺中。高僧不但没有骂他怯懦怕死、将他赶出寺门，反而定他为接替之人。

众僧不解，高僧微笑着解释道："寺院后悬崖极其陡峭，是人力不能攀登上的。悬崖之下，却有路可寻，若为名利所诱，心中则只有面前的悬崖绝壁。天不设牢，而人自在心中建牢。在名利牢笼之内，徒劳苦争，轻者苦恼伤心，重者伤身损肢，极重者粉身碎骨。”高僧将五彩袈裟和锡杖传于明远，语重心长地对众僧说道：“师言要听，但伸缩进退变化，乃圣人之道。明者因境而变，智者随情而行。攀爬悬崖，是师出奇题，验看弟子心境如何。能不入名利牢笼，心中无牢，顺天而行者，便是我的意中人。”不久，高僧圆寂。明远成为这座大寺庙的住持，寺庙香火鼎盛，僧徒日众。明者因境而变，智者随情而行。要因为环境的改变而改变，不要只是一味地听从。

二、将帅之别

1. 视野之别

将帅视野之别如表 2－1 所示。

表 2－1　将帅视野之别

视野之别	帅	将
	全局	聚焦

1.1　帅要三只眼

帅要三只眼，就是比别人多一只眼，要看到别人看不到的地方。要看得远，利益要看得远，方向要看得远；要看得清，公司的发展要看得清，行业的趋势要看得清；看得准，对公司的定位要准，对人才的判断要准，对消费趋势的判断要准；看得狠，要看到企业管理中的核心和关键，能够抓住主要问题。站得高才能看得远、看得全，我们之所以要登上最高峰，是因为我们想看到最远处的风景，“会当凌绝顶，一览众山小”。既然帅处于企业的最高位置，处于金字塔尖，就必然要求帅主动向远处看，主动向四处看。帅的视野是全局性，既要向内看，又要向外看；既要向远看，又要向近看；既要向左看，又要向右看；既要向南看，又要向西看；既要向上看，又要向下看；既要看缺点，又要看优点；既要看好处，又要看坏处；既要看投资，又要看收益；既要看价格，又要看价值；既要看产品，又要看品牌。

- 向远看是为了发现行业的趋势；
- 向近看是为了看清目前的形势；
- 向里看是为了发现企业的问题；
- 向外看是为了抓住市场的机会；
- 向前看是为了明确公司的目标；
- 向后看是为了总结企业的教训；
- 向左看是为了看齐标杆的差距；
- 向右看是为了摸清对手的威胁。

帅的视野决定了企业的世界，帅的视野高度决定了企业的高度，帅的视野深度决定了企业的深度，帅的视野宽度决定了企业的宽度，帅的视野精度决定了企业的精度。

1.2　将要一只眼

帅要三只眼，将要一只眼，帅要四处看、到处看；将要细看，不能到处乱看；将要盯住一点去看，瞄准一点去打，水滴能石穿。

将各司其职，各管一摊，更强调业务的专业性。将的视野是聚焦的，是有强度的、是有精度的、是有力度的、是有深度的。没有金刚钻，不揽瓷器活。将在各自的领域都是行家里手。聚焦是当今世界最成功的目标达成手段，聚焦是当今世界最成功的营销手段，聚焦是当今世界最成功的研发手段，聚焦是当今世界最成功的战略手段，聚焦产品、聚焦生产、聚焦服务、聚焦用户、聚焦终端、聚焦价格、聚焦品牌，聚焦、聚焦、再聚焦。对于将来说，再也没有比聚焦更美好的语言了。

- 聚焦产品，把品质做到一流；
- 聚焦用户，把关系做到一流；
- 聚焦服务，把满意做到一流；
- 聚焦终端，把体验做到一流；
- 聚焦价格，把价值做到一流；
- 聚焦生产，把细节做到一流；
- 聚焦研发，把功能做到一流；
- 聚焦品牌，把品位做到一流。

优秀的企业都是系统的优秀，不可能在某一点上优秀，聚焦就是为了让企业的系统优秀，聚焦就是为了让企业的整体优秀，聚焦就是为了让企业的团队优秀。

2. 性格之别

将帅性格之别如表 2 –2 所示。

表 2 –2　将帅性格之别

性格之别	帅	将
	包容	难容

2.1　帅要有包容心

海之所以成为海，是因为能纳百川；山之所有成为山，是因为不弃尘土；天之所以成为天，是因为不舍万物；帅之所以成为帅，是因为能包容。所谓包容，就是包容人与人之间的差异，不同特长、不同年龄、不同性格、不同背景、不同偏好、不同学历的人能否凝聚在组织的目标和愿景之下，靠的是帅的包容与宽容。宰相肚里能撑船，将军肚里能跑马。曹操之所以猛将如云、文臣似海，就在于曹操能够包容各类人才。

曾经有人检举郭嘉行为不检点，曹操一方面表扬检举的人有功，另一方面对郭嘉的小节问题不闻不问，没有完美的人才，自己本身都不完美，岂能要求别人完美。当张家与吴家为了家族地产而纠纷不断时，身为朝廷高官的张英给自家写了一封千古留名的信：“千里家书只为墙，让他三尺又何妨。万里长城今犹在，不见当年秦始皇。”张家自惭，将墙退后三尺。

岂知吴家人也为张家的宽宥而感动至深，亦退后三尺，留下了一条象征着宽容与和谐的六尺巷。不禁让人想起名臣林则徐的对联：“海纳百川，有容乃大；壁立千仞，无欲则刚。”张英也确实智慧，现在无论是张英显赫的官职，还是两家大院的气派，都已经无人忆起。人们记住的是张英“宰相肚里能撑船”的气度，以及那带有无限深意的六尺巷。

法正随刘备重回蜀地，“一饭之德必酬，睚眦之怨必报”，想方设法让有仇于自己的人得到报应，于是招来怨恨。有人向诸葛亮控诉，希望能以诸葛亮的权势与威望遏制法正的狂气。可在规划蜀国刑罚时一丝不苟的诸葛亮，却宽容对待法正的狂傲，称法正辅佐刘备：“令翻然翱翔，不可复制，如何禁止法正使不得行其意邪?”当法正听闻此事后，也愧而收敛。后来陈寿评价两人：“诸葛亮为股肱，法正为谋主。”试看一下，这与廉颇、蔺相如有异曲同工之妙。正是因为心胸狭窄，法正与蜀人的关系才剑拔弩张，也正是因为宽宏大量，诸葛亮才用寥寥数语化干戈为玉帛。宽容可以化解错误。

在企业中，老板对于人才的要求会把自己的标准强加在别人身上，认为自己能做到，别人也必须做到。实际上忘了你是帅，他是将，将能做到你那样，他岂不是也成为帅，成为帅的人，怎么可能还是你的将。没有一家企业是在直线中发展的，有企业就有问题，有人就会犯错误，企业越大，问题就会越多，人才越多，错误就会越多，企业本身就是在不断纠错中发展的，企业本身就是在解决问题中前进的。

2.2　将要有难容心

我们天天在谈人人要包容，为什么还提出将要难容呢？为将之人是公司战略的执行者、制度的坚持者、流程的管理者、文化的践行者、市场的开拓者、财富的创造者、团队的建设者。

- 为将难容战略得不到执行；
- 为将难容制度得不到坚持；
- 为将难容流程得不得实施；
- 为将难容文化得不到融入；
- 为将难容市场得不到开发；
- 为将难容业绩得不到实现；
- 为将难容队伍得不到成长；
- 为将难容客户得不到满意；
- 为将难容品质得不到保证。

有一个管理公式：就是每天多做一点，一年就多做300点；每天少做一点，一年就剩下一点点。

$0.9\times0.9\times0.9\times0.9\times0.9\times0.9\times0.9\times0.9\times0.9\times0.9\approx0.3$

$1\times1\times1\times1\times1\times1\times1\times1\times1\times1=1$

$1.1\times1.1\times1.1\times1.1\times1.1\times1.1\times1.1\times1.1\times1.1\times1.1\approx3$

（1）为将对人要难容。

对己高标准，对人严要求。只要严格要求自己，才能严格要求别人；只要自己以身作则，要能说硬话。《三国演义》里几乎每一场大战，都是双方各派出一名大将大战一番后，才开始进攻，将的背影就是兵的方向，将的脚印就是兵的路径，将往哪里冲，兵往哪里跑。为将之人就是要身先士卒，走在前面。凡是能打胜仗的军队都是一支纪律严明的军队，一个管不住自己的人是不会有作为的，一个管不住自己的将是非常危险的。在企业中，我们会看到很多为将之人对自己要求不严格，对别人要求很松散；一个不严格要求自己的人是不能严格要求别人的，也不能带出一支战斗力强的队伍，自己松散，团队散漫，当好好先生，做好人，坏大事，做不出好产品，打不出好市场，做不出好业绩。

（2）为将对事要难容。

今天的苹果为什么能生产出近乎完美的手机，在于乔布斯对事的难容，对可以的难容，对过得去的难容，对差不多的难容。乔布斯曾经说过："如果你是一个正在打造漂亮衣柜的木匠，你不会在背面使用胶合板，即使它面对墙壁，没有人会看见。但你心知肚明，所以你依然会在背面使用一块漂亮的木料。为了能在晚上睡个安稳觉，美观和质量必须贯穿始终。"很多工作之所以做不好，无法做到极致和完美，就是在于为将之人中有太多的"可以了先生""差不多先生""过得去先生"。对事的难容，就是我们对细节的追求，细节决定成败，"千里之堤，毁于蚁穴"。

画家尼切莱斯·鲍森有一条准则，即凡是值得做的都应该做好，力求完美。他的一位朋友威格尼尔·德·马韦尔在晚年曾问鲍森："为什么你能在意大利画坛获得如此高的声誉？"鲍森回答："因为我从未忽视过任何细节和小处。"对于一个蜚声画坛的画家来说，他之所以能创造出优秀的“产品”，完全是因为他关注细节。其实，不仅是画家，对为将之人来说，只有专注细节，才能为创造出优秀的“产品”。因此，我们在工作和生活中一定要认真做好每一个细节，慎防百密一疏。殊不知，一个小“病毒”的入侵就可能使整个企业的信息系统陷于瘫痪，一个数字的错误就会导致整个财务报表作废。所以，任何对蛛丝马迹的不察、对细枝末节的大意和对细小变化的疏忽，都可能带来无法弥补的损失。相反，如果我们在做事时关注了别人不关注的细节，就有可能像蜚声画坛的画家那样，创造出最精良的产品。

3. 颜色之别

将帅颜色之别如表 2－3 所示。

表 2－3　将帅颜色之别

颜色之别	帅	将
	灰色	黑白

3.1　帅是灰色

灰度色，就是指纯白、纯黑，以及两者中的一系列从黑到白的过渡色。灰度是介于纯白和纯黑的中间色，白得不纯粹，黑得不纯粹，白中有黑，黑中有白，相互交织在一起。灰度色是包容色、开发色、平台色，大千世界，无奇不有，人上一百，形形色色，没有完全相同的两片树叶，没有完全相同的两个人。为帅之人面临的是各种错综复杂的环境和信息，很多时候，犹如置身在雾霾之中、混沌之中，很难分出是非曲直，很难辨出黑白分明。因此，复杂的市场环境、竞争环境、人文环境构成了为帅之人面临的灰度环境。如果用非黑即白来判断事物和人物，帅是无法找到清晰的方向与路径的，是无法准确地判断人和事物的，任何事物实际上都有其两面性，不是绝对的对与错，对与错交织在一起，任何人物实际上都是矛盾体，不会是绝对的好与坏，任何环境实际上都有其变化性，不是绝对的变与不变。为帅之人本身就是在灰度环境中不断识别和辨别未来的方向和路径，为帅之人本身就是在不断探索公司未知的领域和世界。

华为的任正非提出企业要进行灰度管理，一个领导者最重要的素质就是把握公司的方向和节奏，领导人的水平就是合适的灰度，只要保持合适的灰度，才能保持开放、包容、进取的状态。企业在不断的发展过程中，不断地获得成功，往往会导致领导人自信、自豪、自满和自负，会导致领导人看到的都是好的一面，看不到不好的一面。实际上，我们处的环境从来就没有绝对的一面、一个清晰的方向，都是在混沌中产生，在灰度中酝酿，是从灰色中脱颖而出的。方向是随时间和空间不断地发生变化，战略和目标也是不断地在灰度的世界中优化和调整的，并不是非黑即白、非好即坏、非此即彼，合适的掌握、合适的灰度，是使企业各种影响发展的要素能够达到和谐。和谐的过程，实际上就是黑白相融的过程，就是灰度融合的过程，就是在坚与柔之间妥协的过程。

腾讯的马化腾也提出了灰度机制——灰度的七度管理：

一是需求度：用户需求是产品核心，产品对需求的体现程度就是企业被生态所需要的程度。

二是速度：快速实现单点突破，角度、锐度尤其是速度，是产品在生态中存在发展的根本。

三是灵活度：敏捷企业、快速迭代产品的关键是主动变化，主动变化比应变能力更重要。

四是冗余度：容忍失败，允许适度浪费，鼓励内部竞争、内部试错，不尝试失败就没有成功。

五是开放协作度：最大限度地扩展协作，互联网很多恶性竞争都可以转向协作型创新。

六是进化度：构建生物型组织，让企业组织本身在无控过程中拥有自进化、自组织能力。

七是创新度：创新并非刻意为之，而是充满可能性、多样性的生物型组织的必然产物。

灰度就是要容忍失败、敢于失败，鼓励内部竞争、内部试错，不能过度放大错误的风险。过度放大错误的风险就会导致企业缺乏创新、缺乏进取，没有人敢去尝试新事物，没有人敢去碰硬问题。灰度就是处理好快与慢、强与弱、好与坏、大与小、高与低、美与丑、多与少、难与易、内与外之间的辩证矛盾关系。灰度是一种方法，灰度是一种状态，灰度是一种境界，灰度是一种包容，灰度是一种开发，灰度是一种协作，灰度是一种管理，灰度是一种平台，灰度是一种机制。

3.2 将是黑白的

没有包公的黑白分明，多少冤假错案得不到伸张；没有包公的黑白分明，多少贪官污吏得不到伏法；没有包公的黑白分明，多少土豪劣绅得不到严惩；没有包公的黑白分明，多少正义得不到伸张。黑脸的包公黑白分明、铁面无私、明察秋毫、明辨是非，造就了宋朝仁宗时期政治清明的盛世。

腐败问题之所以这么严重，就是过去很多为官为将之人黑白不分明，使劲往灰色地带钻，为将为官不能是灰色的，灰色的将容易打败仗，灰色的官容易拿灰色收入。灰色的记者，让我们看不到真实的新闻；灰色的医生，让生命得不到保证；灰色的教师，让孩子得不到成长；灰色的保安，让居民得不到安全；灰色的裁判，让比赛得不到公正；灰色的警察，让坏人得不到严惩；灰色的导游，让美丽的景色黯然失色。

在企业中，灰色的财务，让公司的利润大大流失；灰色的生产，让公司的产品质量问题百出；灰色的研发，让公司缺乏新产品；灰色的采购，让公司成本上升；灰色的营销，让公司的市场份额不断下滑；灰色的品牌，让公司的品牌黯淡无光。

为将之人就是黑白分明、坚持原则、坚持是非，对就是对、错就是错，没有差不多了、没有可以了、没有过得去，不当“好好先生”，不当“差不多先生”，不当“过得去先生”。一个“好好先生”是管不好财务的，一个“好好先生”是做不好生产的，一个“好好先生”是带不好营销队伍的，一个

“好好先生”是开发不出新产品的。人是做事的一切，如果一个公司一大堆“好好先生”，看起来其乐融融，实际上公司的各方面都被大打折扣。不好相处的可能是最好相处的，一个好的将未必是一个情商高的将，一个好的将是一个坚持原则的将，奖罚分明，是非分明；一个好的将是一个不好相处的将，一是一、二是二，对是对、错是错。

4. 使命之别

将帅使命之别如表 2 – 4 所示。

表 2 – 4　将帅使命之别

使命之别	帅	将
	塑造	实现

4.1　帅要塑造使命

每一个成功的公司都有一些使命：

- 让天下没有难做的生意；
- 使人们过得快活；
- 以科技和创新改善生活品质；
- 丰富人们的沟通和生活；
- 建筑无限生活；
- 改变世界。

为帅的首要责任就是构建企业的使命，使命不死，拥有使命的企业就是打不死的“小强”。使命是企业生存与发展的理由，是企业一种最根本的、最有价值的、崇高的责任和任务，它回答的是“要做什么、为什么这样做”的现实问题。使命体现了企业全体员工的行为共识，是引导和激发全体员工持之以恒，为企业不断实现新的发展和超越而努力奋斗的动力之源；使命不仅包括面临的任务，还是企业的原动力和推动力，是企业存在的价值和理由，是企业的经营哲学和至高理念，是企业最高的精神价值，是引领企业自始至终的明灯和灯塔，是企业在陷入绝境时的希望和救命稻草。

德鲁克说：“企业的使命要回答三个问题：我们的企业是什么？我们的企业到底是什么？我们的企业到底究竟是什么？”企业的使命受创始人自身、环境、竞争、消费等多项因素的影响，创始人本身的层次和格调在某种程度上决定了企业的使命的格调。使命的形成是在主体和环境之间展开的，是要解决主体意愿和环境之间可能的矛盾，解决其可能性的问题，包括机会利用的可能性和机会实现的可能性。机会利用的可能性涉及环境的供需情况，机会实现的可能性涉及主体的利益包容情况。通过对各类信息的综合分析，了解需求的容许范畴，并对其做出可用与否和能用与否的检验，明确什么时间、什么空间、哪部分人群、干什么事最有意义、最符合客观环境的核心条件。只有既可用（物质性）又能用（能动性）的机会，才是切实的。由此形成的客体使命可能，才有实际意义。使命反映的是组织应当而且可以负有的重大社会责任，只有组织能胜任而又能被环境所接纳的重大社会责任才有形成组织使命的可能。

4.2　将要达成使命

使命必达，必达使命，这是为将的誓言、为将的担当、为将的精神，也是为将的责任、为将的行动、为将的目标，更是为将的价值、为将的气势、为将的雄心。一个没有使命感的企业，就是一个没有精神气质的企业；一个没有使命感的将，就是一个没有灵魂的将。企业最终是在为使命而奋斗，为使命而努力。使命感是为将的精神气质，充满使命感的将能够给团队带来力量、带来士气、带来精神、带来动力、带来激情。

在企业中，我们会发现很多企业的使命停留在口号上、停留在墙上、停留在文件上，使命不是为将的精神气质，更不是为将的行为准则，更严重的是有些为将之人甚至不知道自己公司的使命是什么。使命主要是给客户看的，甚至是因为网站上、文件上需要这个东西。

要达成使命，要实现使命，首先必须解读使命、读懂使命：公司的使命是什么？为什么是这个使命，而不是其他使命？这个使命能够给企业带来什么价值和意义？这个使命能够给个人带来什么好处和利益？这个使命要求我们追求什么，要求我们放弃什么？如果没有这个使命，会给我们带来什么？这个使命要求我们有什么样的精神状态，有什么样的行为状态？这个使命要求我们有什么底线和原则？这个使命要求我们有什么追求和目标？其次，我们要达成使命，实现使命，就必须在企业内外宣传使命，通过不同的形式，不断强化使命的烙印。最后，要达成使命，必须根据使命灵魂注入战略、文化中，注入组织、制度、流程中，注入到我们的考核中，我们的工作在无形和有形中都能体现使命的价值。

5. 战略之别

将帅战略之别如表 2 –5 所示。

表 2 –5　将帅战略之别

战略之别	帅	将
	方向	方法

5.1　帅要找最大的方向

企业最危险的就是什么都想做，什么都想要，贪大求全，贪多求多，这个还没做好，就想做下一个；这个做好了，就更想做下一个，特别是这几年开始流行产业链，是否为企业找到了一个接一个的理由，什么都想做，结果什么都没有做好。我有一句话："没有产业链，只有产业突破口，产业链是结果，产业突破口才是方法。"纵观今天实现产业链的企业，其实从一开始都是从一个产业突破口做起的，产业链只是一个结果，而不是开始和过程。企业的资源是有限的，企业的能力是有限的，企业的时间是有限的，如果什么都做，就容易造成资源分散，失去焦点，缺乏基本的竞争能力。战略要大舍大得，要敢于放弃、大赌大赢，敢于投入、大巧大拙，敢于执行。

为帅之人最核心的职责就是为企业找到方向，一个有方向的企业是稳重、稳健的企业，一个没有方向的企业是惶恐的企业。战略的方向在哪里，什么是战略的方向，这是为帅之人经常问的问题，一个对战略方向没有清晰认知的董事长肯定不是合格的董事长。战略的方向到底是什么？世上关于战略的书籍浩如烟海，关于战略的理论多如牛毛，但我在这里要告诉大家一个最核心的观点：谁是我们的客户，谁不是我们的客户，这个问题是企业的首要问题。战略就是客户，客户就是最大的战略，谁是我们的客户、谁是我们的目标客户、谁是我们的潜在客户、谁是我们的现实客户，只要找到客户，就找到了战略的方向。这个问题看似简单，实际上非常不简单，很多企业从来不清楚自己的客户是谁、他们的需求是什么、他们的痛点是什么、我们能给他们提供什么样的价值。

我给很多企业做过咨询，在做战略培训的时候，我首先问他们一个问题——你们公司的战略是什么。公司有很多战略，每个人心目中都有一个战略。更多的是我们的三年目标是多少，要做成行业第一，销售额要做到多少，但很少有提到客户的。让人啼笑皆非的是有一次在一个客户讨论会中，一个人的回答是："没有战略就是我们公司的战略。"市面上的战略理论多又杂，有些把我们搞糊涂了。战略就一个，谁是我们的客户，我们的客户在哪里。客户、客户，还是客户，一个连自己的客户都不清晰的战略能叫战略吗？一个连自己的客户价值都不清楚的战略会是战略吗？客户就是最大的战略，客户就是最好的战略。一个企业的战略最后应该是一句话就能说明白、一张纸就能写清楚的，很多公司的战略长篇大论，连老板都记不清楚，怎么能够让员工看清楚呢？真正的好战略，最后就是一句话的事，你给什么样的目标客户提供什么样的价值。为帅之人就是在不断地找到公司最大的战略、最大的方向、最大的风口，问一下：你的客户是谁？你的客户到底是谁？你的客户到底应该究竟是谁？

5.2 将要找最好的方法

帅要找最好的方向——谁是我们的客户；

将要找最好的方法——如何满足客户。

围绕客户价值设计企业价值，围绕客户痛点设计解决方案，围绕客户需求设计客户体验，方法不在办公室，方法不在会议室，方法在客户那里，客户会告诉你最好的方法、最好的路径、最好的产品、最好的服务。任正非提出：要让听得见炮火的人做决策，说的就是要听取客户意见、客户需求，从客户意见中找方法，从客户需求中找方案。任正非又提出：所有的人都要到一线去，一线不是一个简单的空间物理概念，而是市场、现场等基层的地方，从基层发现问题、从基层解决问题。所以，为将之人要想找到最好的方法，就要多下市场、多去现场、多和客户交流。但在现实企业中，我们发现很多企业的中高管走不出办公室、走不出会议室，靠经验决策、靠想象判断、靠粗暴解决，与市场脱节、与信息断档、与客户失联，闭门造车，故步自封。

如何找到更好的方法，如何和客户深入交流，如何判断市场的机会与威胁，这对为将之人来说是一门基本功，没有这个基本功，我们很难成为一名合格的将帅。这里我要给大家分享一线为将“七把刀”，一看二问三听四思五写六讲七干：

- 第一刀：一看：多到市场去看，多到现场去看，多到客户那里去看，多到终端去看。
- 第二刀：二问：看了要多问，问是什么，问为什么，问怎么办？
- 第三刀：三听：问了要听，听话内音，听话外音，很多人只问不听，只问不回，只问不想，听的能力是很重要的能力，我们习惯了说，却忘记了听。
- 第四刀：四思：听了要思、要想、要分析，听了不思、不想、不分析，听了就没有价值、没有意义。
- 第五刀：五写：看也看了，问也问了，听也听了，想也想了，你需要把这些东西写一下，写的过程就是逻辑梳理的过程、方法呈现的过程。
- 第六刀：六讲：写了就要讲出来，向员工讲、向领导讲、向客户讲，讲是方法传递的过程，是方法落实的前奏。
- 第七刀：七干：最终都是为了干，只有干了才能出业绩，只有干了才能出效果，只有干了才能检验方法的正确与否。

一干二问三听四思五写六讲七干，为将七把刀，一刀接一刀，一刀不能少。但在实际过程中，很多为将之人上来就开始讲、上来就开始干，好像不讲就不是将，讲就是将的标志一样。事实上，要想讲，必须经过前面五个步骤才能讲，没有前面五个步骤，就是瞎讲、乱讲、胡讲。要想干，就必须经过前面六个步骤，没有前面六个步骤，就是瞎干、蛮干、乱干。只要通过了前面的五个步骤，才讲得有道理、有根据、有思路、有方法。

6. 管理之别

将帅管理之别如表 2 –6 所示。

表 2 –6 将帅管理之别

管理之别	帅	将
	管大	管小

6.1 帅要管大事

管理的最高境界不是管别人，而是管自己。为帅之人作为企业的一把手，一般都是管理别人，因此，为帅之人的自我管理就是最大的管理。

古希腊哲学家泰勒斯指出：“做什么事情最容易，向别人提意见最容易；做什么事情最难，管理好自己最难。”管理学大师彼得 · 德鲁克曾经说过：“有伟大成就的人，向来善于自我管理。”因此，为帅之人的最大管理就是自我管理，没有人敢管你，所以要自我管理，先管好自己吃饭、睡觉、做运动，管好自己的目标、管好自己的时间、管好自己的情绪、管好自己的行为、管好自己的健康、管好自己的学习。其次，知道自己该做什么、不该做什么、怎么去做、为什么要去做、谁去做、什么时候去做、什么时候做完。

为帅之人作为公司的一把手和团队领军人物，如果什么都不做、什么都不管，公司就很危险；什么都去做，什么都要管，下面的人就没事可做了，更不行。为帅之人到底要管什么事呢？为帅之人要管大事。什么事是公司的大事？最大的事情和最小的事情就是正反两面，做大即是做小，做小即是做大，大事就是小事，小事就是大事，别人能干、会干、愿意干的事都不是大事，别人不能干、不会干、不愿意干的事才是大事，为帅之人就是要看别人看不见的地方、容别人不能容的人、干别人不愿意干的事。

（1）看别人看不见的地方。

第一，看未来的发展趋势，而趋势又是由背后的规律决定的。另外，看机会、风险，还要看人才，你先看见了，你先做，最后大家就会认为你有先见之明。你先看到了这些东西，你就是领导者；不能先看到，你就是跟随者；看错了、看反了，你就是失败者。韩非子讲："智者察于未萌，愚者黯于成事。"聪明人在这事没开始之前就明白了，愚蠢的人等这事过了还迷糊着。

第二，根据逻辑分析能力做出判断。董事长要具有一些专业的逻辑能力，诸如经济学、法学、社会学，这些基本的逻辑判断、分析很重要，因为需要通过逻辑整理大量的信息，最后从中发现一些规律性的东西，并由此判断未来的趋势。

第三，完全靠感知，像女人的直觉一样，要将很多本能和信息、经验、情感交织在一起。

前两个因素越丰富，感知的能力越强。根据宏观环境、宏观政策做出一些判断和决策，很多是跟感知有关。

（2）容别人不能容的人。

“海纳百川，有容乃大”，是董事长应有的修为。董事长具备了海纳百川的肚量，包容一切的气量，才能形成团结共事、开拓进取的工作局面。但现实中，个别为帅之人缺乏这样的肚量、容量、气量，总喜欢听好听的话，谁要是说他几句不是就火冒三丈、耿耿于怀，甚至给“小鞋”穿。这不是为帅之人应有的品德。俗话说：“将军肚里能跑马，宰相肚里好撑船。”这才是一个优秀的领导者应具有的优秀品质，也是为帅之人必须具有的度量。

身为唐太宗谏议大夫的魏征，常常犯颜苦谏，屡逆龙鳞。开始时，唐太宗既怕他又恨他，但过后一想，觉得他说得很在理，因而从心里敬重他，把他看作是可照见自己得失的一面“镜子”，对他的进谏一一采纳，终于开创了“贞观之治”。要做有容人之量的一把手，应该努力做到“三容”：

一是“容得下人”。容人，从根本上来说，就是能够接纳各种不同性格的人，这不仅是一种道德修养，也是一门领导艺术。只有接纳不同个性的人，团结不同个性的人共同协调工作，充分发挥每个人的积极性和创造性，才能推动事业不断发展壮大。要做好工作，光靠少数人不行，光靠唯唯诺诺的人也不行，团结的人越多越好，敢讲真话、有主见的人越多越好。因此，对那些和自己有不同意见的、敢于批评的人，只要他们有能力、有见识，都要能容得下、留得住、用起来。同时，还要容得下比自己水平高、能力强的人，积极主动地形成团结协作的关系。

二是“容得下话”。对那些不合自己口味的话，批评自己的话，带刺的、过激的甚至与事实不符的话，都能耐着性子听下去，并真正做到“有则改之，无则加勉”。

三是“容得下事”。同事之间，难免会有磕磕碰碰，难免会有功名利禄搅在一起的事，对这些事要看得淡一些。如排名谁先谁后，开会谁讲话谁不讲话等，不应也不必去计较。换个角度说，每个人无论在什么地方、什么岗位上工作，都希望遇到一个心胸开阔、“大肚量”、善体贴的领导，从而上下一心、团结做事。因此，扩大自己的容人之量，可以说是利己、利他、利工作、利社会。领导干部都应该加强学习，提高修养，做“海纳百川，有容乃大”的大度量之人。

（3）干别人不愿意干的事。

有人说：“董事长要做别人不做的事情。”别人不做的事主要包括：做未来、决策、用人、承担责任。什么叫作未来呢？所谓的做未来，就是把一个简单的工作反复做，不厌其烦地做，不停地做。总经理不能天天这么做，他要管当年财务业绩；董事长的职责则是要建立一些在未来可能成功的机会。对董事长来说，要做前瞻性的工作，要做战略性决策。董事会给你权利，你可以提名总经理，有组阁的权利，也就是用人的权利。董事长必须团结董事会其他成员一起做好这项工作，如架构董事会、选谁来做独立董事、董事会成员配比、董事会成员的年龄构成、专业知识背景的组合等，以及选择合理的总经理、把控专业团队的更替等，建立一整套制度，进行绩效管理，保证执行和考核，这些都是董事长要做的工作。除此之外，董事长另一个重要职责就是承担责任，不能做了决策不承担责任。古代晁错就犯了一个最大的错误，他提出很多事让皇上决策，最后他不承担责任跑了。历史上很多人物都这样，敢做决定，不敢扛事。

有人说："我的原则就是做对的事情、把事情做对。"什么是"做对的事情"？难道有人明知是错的事情还要做吗？看看周边有多少人抽烟你就明白了。为什么人们会明知是错的事情还会去做呢？那是因为错的事情往往有短期诱惑。其实，人们往往知道什么是错的事情，只要把错的事情停止不做，就离"做对的事情"更近了一步。所以，"做对的事情"其实就是发现是错的事情的时候马上停止，不管付出多大代价都是最小的代价。人们常说的坚持到底，指的是坚持"做对的事情"而不是坚持做错的事情！很多人都希望知道把公司做好的秘诀是什么，其实秘诀不是做了什么而是不做什么。

好的公司都一定有一个长长的"Stop doing list"，就是"不做的事情"。"不做的事情"其实也分两类：一类是谁都不应该做的事情，比如欺骗；另一类是和自己公司的使命和愿景相结合的事情。

下面我举一些我们“不做的事情”的例子：

不做 OEM（代工）：最早提出不做 OEM 的就是现在 OPPO 的 CEO 陈明永。为什么我们不做 OEM 呢？长远来讲，我们想建立自己的品牌，需要把所有的资源投到自己的产品上。做 OEM 有很专业的公司，他们有办法满足不同客户的不同要求，我们根本就没有精力去做这些事情。所以，长远来说我们是会输给那些专业做 OEM 的公司的。既然知道做不过别人，那我们干脆就不做。段永平还是 CEO 的时候，沃尔玛的供应商说要给我们下 100 万台的 VCD 的单子，段永平在电话里直接拒绝了。对方还问我：“难道价钱都不想谈吗？”我说：“不管什么价钱我们都拒绝，反正你也不会给我好的价钱，谈来谈去浪费大家的时间。”我当时还拒绝过南方贝尔的代表要下的“巨量”电话机订单。当时给我打电话的人还说：“在中国还没有人拒绝过我们的订单呢。”如果你想的是 10 年、20 年后的事情，这个决定其实非常容易。凡事能往前（后）想几年，难度会大幅度下滑。

不讨价还价：段永平刚到广东时，就发现人们在谈生意时谈的都是价格。当时段永平就想，如果能不谈价钱，至少可以省掉 70% ~80% 的时间。花了两三年的时间，公司建立了一套销售体系，确确实实做到了所有的客户在步步高这里拿的货的价钱完全一样，不管生意额大小，没有折扣，没有返点。也许很多人很难想象，这个公司实际上是没有销售部门的。不赊账、不拖付货款、不晚发工资、不做不诚信的事情、不攻击竞争对手，企业文化贯彻到神经末梢是一件非常不容易的事情……我们的“不做的事情”是一个非常长的表，每一件不做的事情都有背后的故事、道理和逻辑的，就不一一说明了。

什么是“把事情做对”？这个比较容易理解，但也没有看上去的那么容易。“把事情做对”是一个学习的过程，中间会犯很多错误。如何坚持做对的事情，付出为了把事情做对所需要付出的代价，其实是非常不容易的。在“把事情做对”的过程当中，是没有办法避免犯错误的，比如打高尔夫的人，是没有办法避免偶尔把球打下水的，能做的仅仅是降低犯错误的概率。

6.2　将要管小事

将要管小事，要管细节。产品的品质在细节、财务的核算在细节、客户的服务在细节、研发的创新在细节，这些细节都不是大事，都是小事，关键的小事决定了企业的成败，关键的细节决定了企业的兴衰。任何一件事情其实都是由无数个细节组成的，每一个小小的细节都很重要。就好比一条铁链，由许多铁环组成，但无论哪一个铁环坏了，整个铁链也就脱节报废了，再也不能正常发挥铁链的作用。人们在工作和生活中关乎细节的所作所为，又何尝不是如此呢？

英国民间流传着一首歌谣：缺了一枚铁钉，掉了一只马掌；掉了一只马掌，失去一匹战马；失去一匹战马，损了一位将军；损了一位将军，丢了一次战斗；丢了一次战斗，输了一次战役；输了一次战役，毁了一个王朝。可见，不注意细节，有可能无以成大事。老子说：“天下大事必作于细，天下难事必作于易。”意思是：做大事必须从小事开始，天下的难事必定从容易的做起。海尔的总裁张瑞敏说过：“把每一件简单的事做好，就是不简单；把每一件平凡的事做好，就是不平凡。”古人说得好：“泰山不拒细壤，故能成其高；江海不择细流，故能就其深。”所以，大礼不辞小让，细节决定成败。细节是平凡的，也是不足为奇的，一句话、一个动作、一个念想……细节像沙砾一样微不足道，很容易被忽视，却不可轻视它，它可能成就你一生的辉煌，也能毁掉你一世的英明。细节决定事物的成败。

2003 年 2 月 1 日美国东部时间上午 9 时，美国哥伦比亚航天飞机升空 80 秒后爆炸，机上 7 名宇航员遇难，而调查结果表明，造成这一灾难的“凶手”竟是一块脱落的泡沫击中了飞机左翼前的隔热系统。应该说飞机整体性能等许多技术指标是一流的，但是一小块脱落的泡沫就毁灭了价值连城的航天飞机和 7 名无法用金钱衡量的生命。许多企业将大笔资金投入产品的开发，往往只是为了赚取百分之几的利润，而在生产中任何一个细节的失误，都可能将这些利润完全失去。有人认为进口的东西质量好，这是不无道理的。因为一些进口产品操作、质量、做工都很完善，而有些国产的产品外观设计粗糙、产品说明书不简洁、售后服务不到位……这些非内在因素很容易将消费者拒于“购买”大门之外。

也许不经意的失误会导致一场战役的失败，历史也将因此而改写。民国时期，军阀混战。冯玉祥的北京政府与蒋介石的南京政府对峙，蒋介石决定北伐，于是冯玉祥的西北军与阎锡山的晋绥军商议合兵伏击蒋介石的中央军。不料，冯玉祥的电报员把集结军队的地点搞错了，以致贻误战机，最后和蒋军在河南呈胶着状。双方都欲拉拢张学良的东北军，冯玉祥给张学良出的价码是全国三军副统帅，此事被从事情报工作的戴笠得知，蒋介石立马给张学良出更高的价码，除三军副统帅之外，还有六百万两黄金，并把内蒙古、河北、热河划归张学良的势力范围。最后张学良挥师入关，与中央军南北夹击大败冯阎联军，此次战役双方死伤共计 30 万人，史称中原大战，为以蒋介石为首的南京国民政府名义上统一全国奠定了基础。

《亮剑》中的日本大佐山本一木有过这样的理论：当双方势均力敌时，战争的天平将趋于平衡，也许一只蚂蚁就可以左右天平的倾向。我认为非常有道理，试想如果不是那个电报员的失误，或许蒋介石早就失败了，这只蚂蚁可能是一个至关重要的小小操作失误，也可能是指挥员的决策失误。总之，这只看不见摸不着的蚂蚁左右了战争的胜败，它不容忽视。

也许一个轻率的决定会让你悔恨终生。新中国物理学界的泰斗王淦昌（“两弹之父”邓稼先的导师）早年留学德国，师从被爱因斯坦称为“德国的居里夫人”犹太籍物理学家梅特纳。他曾经设计了一个志在发现中子的实验方案。大家知道：原子弹要爆炸必须中子“点火”，所以发现中子具有划时代意义。不过梅特纳看过之后，保守地认为这个方案没有可行性，王淦昌于是放弃了。两年后，英国年轻的物理学家查德威克采用和王淦昌类似的实验方案发现了中子，并获得了当年的诺贝尔物理学奖。王淦昌师徒与诺贝尔奖失之交臂，不胜懊悔。有时候我们总是被惯有的思维支配着，这固然可以保证各位不会有大的失误，却也局限了各位的创新思维，很难有新的突破。对于不清楚、不了解的事物不要轻易下定论，不要让机遇悄悄溜走。也许一个决定、一个微不足道的细节，恰恰决定了你的成败。

面对当今浮躁的社会，人们在工作和生活中往往会忽视诸多细节，造成不必要的危害与后果，当你静下心来，最终为之感叹惋惜，但悔之晚矣。其实，在一切事务中，我们只有注重细节，才可以走向完善、走向极致、走向成功。生活需要拥有100%的热忱，工作需要付出100%的努力，能达到100%就不能完成99%，虽然其间仅有1%的差距，这1%恐怕会彻底改变你的人生。也不知道你对细节有何感悟？在这里，我可以毫不夸张地说："一个细节时代正悄然向我们走来！"生活包含细节，工作重于细节，人生看重细节，我们已无可置疑地走向了细节制胜的时代。

7. 执行之别

将帅执行之别如表2－7所示。

表2－7　将帅执行之别

执行之别	帅	将
	监督	落实

7.1 帅要监督

在客户服务过程中，我们经常听到一些企业的董事长发牢骚、生闷气："决议不出董事会""表面做一套，背后干一套"，董事会做了很多决策，但在执行过程中往往会出现：一是执行结果没有达到董事会的要求；二是执行时间没有达到董事会的要求，有的甚至嘴上说了在执行，其实根本就没有执行。在开董事会或决议会的时候，大家都认可这个决策，或者没有反对这个决策，但在实际执行过程中，决策并没有得到有效的执行。很多企业都会出现这种现象，就是老板的思路、决策得不到落实，我们会发现很多老板一气之下，会撸起袖子自己干。自己去推动，作为一个公司的老板，一旦开始干不该自己干的事情，这个公司做事的风气就被破坏了，为帅之人不是自己冲锋陷阵，而是去做监督、做考核、做评估，让别人去做。

我们曾经服务的一家企业，董事长见自己的决议得不到落实和推动，就自己成立工作小组，亲自挂帅。质量不行，成立质量小组；研发不行，成立研发小组；开发不行，成立开发小组。自己担任很多小组的组长，干预、插手各项具体事务，结果破坏了公司的做事氛围和做事风格，"你行你来管，你牛你来干，你凶你来上"，大家都不知道怎么管了，也不知道怎么做了。董事长也不是什么都行、什么都能做，结果更糟糕，好一点的下属还积极帮助董事长善后，不好的下属在旁边偷着乐。

为帅之人在执行层面更多地是要发挥监督、检查、考核的作用，而不是自己亲自上、亲自干。公司的审计部门、监察部门、检查部门、督察部门要自己亲自管，归属董事会、归属董事长，如果没有条件设置这些部门，就要亲自监督、督促各项事情的进度和效果，定期听取事情的汇报，而不是安排了一件事情，就在那里等结果、等消息。**在实际过程中，很多事情没有监督，就没有进度；没有汇报，就没有过程；没有考核，就没有结果。**

特别是公司的一些大的战略方向、战略措施，要时时提、天天讲，要将公司的战略思路注入实际运营中，要将公司的战略路径牵引到实际的发展路径中。在企业中，我们经常发现公司的战略与实际操作两张皮的现象，战略讲战略的，实际做实际的，战略与实际没有联系。好一点的公司，下面的人还能说出一两句公司的战略；不好的公司，下面的人压根就不知道公司有什么战略，忙于具体的事务中。

我们就遇到一家客户，公司董事长每年都在规划公司的战略，每年都在提出公司的战略，但是公司的副总裁居然说“我们公司没有战略”。当时我们在为这家企业做组织规划，在访谈中，副总裁说“战略决定组织，我们公司连战略都没有，你怎么给我们做组织”，当我们和董事长交流的时候，董事长对自己公司的战略非常清晰，说得很清楚。就是在董事长和副总裁之间都存在这么大的差距，后来我们才发现，董事长是一个很有战略思想的董事长，每年都在不断优化完善公司的战略，但是每年只是在大会上讲一讲，大会形式大于内容，很多人听了都忘了，也就感觉公司没有战略。这不是个别现象，公司的战略多年无法实现，甚至永远无法实现，战略和操作始终是两张皮。作为公司老板，不但要在会上讲，还要时时讲、天天讲，让组织清楚公司的发展方向和路径，同时要将公司的战略导入实际工作中，要落实这些公司的情况。很多公司提出“以客户为中心”的战略，但很少倾听、询问客户的意见，实际上公司还是以产品、生产、利润为中心，“以客户为中心”就是说出来自己听起来好受，客户听起来好听而已。

7.2 将要落实

“天下大事必作于细”，落实是一切工作的归宿。实干就是能力，落实就是水平。一个企业发展的快慢取决于为将各项工作落实的成效，工作的差距很大程度上是落实的差距。要抓落实，先要明确何为落实。

落实首先是一种观念。做出决策和制定蓝图，只是做了一半工作；另一半工作，而且是更重要的一半工作，就是抓好贯彻落实，离开了落实，所有美好的前景都是纸上谈兵、空中楼阁。因此，落实是一种务实的观念。

落实是一种责任。“生活如契约，每个人都有着不可推脱的责任。”一个富有效率的组织中，每个人都在组织中充当着不同的角色，并自觉承担各自的责任。“责任”二字，字字千钧。特别是对各级管理者来说，主要是落实到每一位掌握着一定权利并负有一定责任的管理者身上。落实之责，责无旁贷。

落实也是一种意志。我们所从事的工作中，总有一些重复的、机械性的工作。这些工作或许比较简单，但“天下难事必作于易”，认真地、坚持地做简单的事就是不简单，把每件容易的事情都做好就是不容易。所谓落实，关键是一种意志力，关键在于一以贯之的坚持，咬住目标不放松，用实绩说话。

落实更是一种文化。人人养成落实的习惯，决策和政策才能很好地贯彻落实。空谈误国，实干兴邦。做工作、做事业，正需要一种重落实、抓落实的文化，“由人化文，以文化人”。我们需要营造这样的文化：倡导落实观念，明确落实责任，锻炼落实意志，营造务实的氛围。在这种文化环境中，不抓落实的人和事将没有市场。

“善谈者未必善为”，推进重点工作不仅要“善谈”，更要“善为”，要把推进重点工作变成上上下下共同的自觉行动。抓落实要从以下四个方面着手。

一是管理者推动抓落实。首先，落实的关键在于管理者，什么样的管理者就有什么样的落实文化。这种文化的挖掘要成为工作的推动力，而不能起反作用。因此，管理者推动抓落实，首先就是带头做表率。一项重点工作的推进程度某种意义上就是管理的推动程度。有些时候可以居中指挥，调动整个班子的力量；在推进工作遇到困难的时候，要身先士卒，冲锋在前，亲自抓，抓到底。其次，一级抓一级。一个完善的组织是有层次、逐级领导的，一个管理者推动不了下级的落实就是失职的；如果一个管理者需要越过直属的下级直接抓基层的落实情况，那么中间这一级的干部就是失职的。每个人的精力都是有限的，抓落实就要一级抓一级，一级推动一级，形成逐级负责的科学制度和长效机制。最后，重点工作用重兵。管理者要会选将，要会用兵。要把用得上的、能起作用的人都集中到重点工作的推进上，做到确定一个领导牵头，组建一个班子推进，抽调一批干部落实。

二是责任驱动抓落实。抓重点工作的落实，有没有事先明确责任，效果大不一样，结果也会完全不同。谁也不用负责任地落实，只能是推诿扯皮，效率低下。责任驱动，首先要强化责任意识。推进重点工作要有很强的责任心、进取心、紧迫感和时不我待的机遇意识。快速发展的外部形势已不允许我们悠闲地坐而论道，抓得晚、行动慢、失去先机，就会时时被动、处处受制。要取得抢占先机的竞争优势，最根本的就是要发挥“跳起来摘桃子”的精神，坚持不懈抓好落实。责任驱动，还要强化责任分解。要推行重大工作目标责任制，在工作推进中，哪个阶段要办什么事，采取什么样的措施，达到什么目标；谁来办，怎样办；办成怎么奖，办不成又怎么罚，都要落实清楚。既定的目标，要层层分解，落实到人，抓责任贯穿始终，抓成效不折不扣。责任驱动，更要强化责任考核。不抓督察考核，抓落实只能是一句空话。

三是合力联动抓落实。没有分工协作、团结配合就没有落实。任何一项重点工作的推进，都是合力促成的结果。任何一个部门能不能体现落实精神，不仅在于能不能做好本部门内部的工作，更在于能不能在整个大合唱里唱出和谐音。五指并拳才能抓牢东西，只伸出一个手指什么也抓不住。主要领导负总责，分管领导重点抓，主管部门集中抓，相关部门配合抓，干部群众支持抓，凝聚成抓落实的合力。否则，调研报告写得再好，也只是一纸空文；单个部门能力再强，也独立推动不了全局工作。看一个干部、一个部门、一个地区有没有战斗力、会不会抓落实，就要看他能不能在协作过程中寻求资源共享、携手发展。

四是宣传鼓动抓落实。抓好落实，促进发展，离不开营造上下同心、真抓实干的良好氛围。宣传鼓动，首先就是要善于造势。通过舆论引导、思想教育等多种方式，进一步提高广大员工对推进重点工作的重要性的认识，为抓好落实、推进重点工作鼓劲造势，努力形成一切围绕重点工作、一切为了重点工作的浓厚氛围。其次，要形成正确的舆论导向。抓好典型宣传，推广先进，以点带面，以虚促实，树立以狠抓落实为荣、以作风浮夸为耻的社会舆论导向。此外，还要发动群众监督落实。要广泛动员员工，让员工参与进来，使各项重点工作处于社会舆论和广大群众的监督之下。群策群力，共同推进各项重点工作的真正落实。

8. 效果之别

将帅效果之别如表 2－8 所示。

表 2－8　将帅效果之别

效果之别	帅	将
	结果	过程

8.1 帅要结果

过去我们常说："没有功劳，有苦劳；没有苦劳，有疲劳。"但是今天会说："没有功劳，就没有苦劳。"为帅之人经常会说："我只要结果。"实际上，经常得不到好结果。这时，为帅之人又会愤怒地冒出一句话："不要给我讲那么多理由，我只要结果。"既然结果这么重要，那什么是结果呢？如果我们连结果都不清楚，想要结果是不是不太现实。因此，为帅之人首先要知道什么是结果。

- 结果是态度的体现，但态度不等于结果；
- 结果是能力的体现，但能力不等于结果；
- 结果是目标的达成，但目标不等于结果；
- 结果是过程的回报，但过程不等于结果。

结果是什么？什么是结果？

态度 + 能力 + 目标 + 过程 = 结果

- 态度不同，结果不同；
- 能力不同，结果不同；
- 目标不同，结果不同；
- 过程不同，结果不同。

结果是态度、能力、目标、过程的综合结果。

我们要结果，首先要态度：态度决定一切，没有好的态度肯定不会有好的结果，态度在前，态度在先，评估工作能不能取得好的结果，首先看从事工作的人的态度，从态度上基本可以判断出结果的好坏。什么是态度，态度就是对一件事情的重视程度，态度就是对一件事情的专心程度，态度就是对一件事情的认真程度，态度就是对一件事情的投入程度。要结果，先看态度；要态度，先看状态；要状态，先看投入。

我们要结果，就要有能力：态度解决了想不想做的问题，而能力是解决能不能做的问题。即使想做，但是能力不够，还是做不好、做不了。什么是能力呢？能力 = 经验 + 技能 + 方法。我们判断一个人是否有能力把这件事做好，就要判断他的经验值如何，过去有没有做过，过去做过，做得好不好。其次，要判断他的技能如何，是否掌握这件事的基本技能和基本常识，是否拥有这些方面的专业知识和认识，是否拥有变通和灵活解决的能力。最后，看他的方法，凡难事简于方法，复杂的事情只要有具体的方法就会变得有序和简单，如果不具备基本的方法和工具，这件事情也难以解决。能力的核心要素在于是否拥有解决问题的方法。

我们要结果，就要有目标。目标是我们要的结果状态，要好结果而不是不好的结果，目标是实现结果的方向和路径。通过目标，我们可以看到结果的步骤和阶段，每一个结果都是步骤和阶段的累计。要结果，就是要跟进目标、跟进进度；没有目标，就没有方向，没有目标，就没有紧迫感。

我们要结果，就要有过程。好的过程能保证好的结果，只要把每一步、每个环节做好，才能有好的结果。要保证好过程，首先就要做好工作计划，知道工作的节点和难点；根据工作计划，有序推动工作的执行；在执行过程中，可能会遇到一些困难和障碍，这时要不断地修正、选择、寻找新的解决方法和思路，突破困难和障碍，实现结果的达成。即使实现了结果的达成，也要进行结果的评估和判断，这是最好的结果吗？这是最佳的结果吗？还有让结果更好的措施和改进吗？

帅要结果，就是要态度、要能力、要目标、要过程。没有态度，没有结果；没有能力，没有结果；没有目标，没有结果；没有过程，没有结果。

8.2 将要过程

为帅要结果，要保证向帅呈现好的结果，就要做好过程。因此，为将要抓过程、要管过程、要考核过程，没有好的过程，就没有好的结果。七个凡是是确保实现好过程、保证好结果的重要手段和工具。

- 凡是工作，必有目标；
- 凡是目标，必有计划；
- 凡是计划，必有执行；
- 凡是执行，必有责任；
- 凡是责任，必有检查；
- 凡是检查，必有考核；
- 凡是考核，必有奖罚。

过程是为了结果，以结果为导向，做好每一个过程，不是简单地完成任务，而是追求最好的结果，最好的结果需要最好的过程。用心去做、用脑去做，做出自己满意的结果，做出别人满意的结果，自己都不满意的结果，别人也不一定能满意。结果第一，理由第二，永远把结果放在首要位置，因为别人关心的是结果、看到的是结果，需要通过结果来解决问题，需要通过结果来达到目标。制定目标以后，要有不达目的不罢休的决心，要有不到黄河心不死的意志，即使会遇到各种困难和障碍，都要追求快速和有效的执行。事前要准备、要计划、要设定标准和目标；事中要坚持、要检查、要修正、要考核；事后要总结、要评估、要奖罚。

要有好的过程，就必须做好过程管理和管理过程，过程管理一般分为以下几个步骤：

- 确立企业组织内部每一个管理阶层应达到的目标；
- 如何在各有关单位和部门之间最有效地分配企业的资源，并尽最大的可能性做到基本分配合理；
- 将作业目标与作业计划，以及阶段变化的情况，准确地传达给相关负责人员；
- 启发与引导各部门主管尽可能以最简单、有效的方法，领导自己的下属用最经济的手段完成工作任务；
- 极力维持企业内部各单位之间的平衡，促进整体目标活动的协调；
- 及时、正确地指出成绩显著或绩效不佳的部门，并找出原因，同时帮助其解决（奖励、加油或给出方法）。

9. 权利之别

将帅权利之别如表 2 - 9 所示。

表 2－9　将帅权利之别

权利之别	帅	将
	分权	授权

9.1　帅要会分权

企业在发展初期，比较适合集权管理。这个阶段，企业一把手是个多面手，什么都要抓、什么都要管、什么都要干，三头六臂，无所不能，自己会的要干，自己不会的硬着头皮干，有条件干，没有条件创造条件干，有时间干，没有时间也要干。

当企业发展到一定阶段，人员多了、市场大了、规模大了，最重要的就是做好分权管理。所谓分权管理，应该是两个层面的分权：

一是把自己手中的权利分配出去；

二是分配好各个部门的权利。

进行有效的分权，是提升组织效率的最佳方式；进行有效的分权，是解脱董事长的最佳手段。为什么有些企业的一把手做得很轻松，有时间学习、有时间爬山、有时间打高尔夫，企业照样做得很好，甚至比同行做得还好，而有些企业的一把手却很累，白天忙、晚上忙，恨不得三头六臂，恨不得再复制十个自己，每天都有处理不完的问题，每天都有开不完的会议，但企业却发展很缓慢，甚至倒退。这两者之间的区别就在于企业的分权管理。

要做好分权，首先要明白核心工作和核心职责。我们在前面讲过，企业的一把手主要做好：公司大方向、公司的大决策、公司的大用人、公司的大责任。为帅之人作为公司的最高领导，干的都是大事。把自己的权利分出去，开始是比较痛苦的。自己不放心，不放心不外乎两个方面：一是能力上的不信任，二是品行上的不信任。要解决能力上的不信任，要么培养人的能力，要么找有能力的人；要解决品行上不信任，公司不是建立在品行的基础上的，而是建立起一套权利有效、权利不腐的制度和机制；任何一个有效的分权都是建立在制度之上的，没有基本的制度和监督，完全依据个人的道德和经验执行权利，再好的人也经受不住权利的诱惑。因此，分权的前提是制度的建设和机制的完善，对于一个公司来说，核心的权利不外乎三种：人事权、财权和物权。

对于人事权，公司应建立相应的人才选择标准、评估标准、考核标准、升降标准。对于财权，每个公司都有相应的财务管理制度，但还不够，很多公司的财务管理制度只明确财务的使用，缺乏财务的管理和监督，公司到一定规模的时候，不仅要在内部有财务审计、财务监督、财务考核，还要请第三方来监管财务。我们往往发现，钱越来少的企业，一把手花在钱上的时间越多，钱越多的企业，一把手花在钱上的时间越来越少。为什么会这样？原因就是公司还没有建立财务的监督权、审计权。物权两个方面：一是日常的维护权，很多公司的物权管理很差，有用的东西天天在用、天天在维护，无用的东西放在那里没人管、没有问，等到真正要用的一天，结果发现不能用了；二是物权的盘点，公司定期要对物权进行盘点，事实上，很多企业对物权没有盘点，导致很多东西重复购买，给公司带来了极大的浪费。

9.2　将要会授权

现在许多企业的管理出现了奇怪的背离现象，管理者越来越忙，往往从早忙到晚，节假日也不休息。而许多员工的责任心越来越差，缺乏工作激情，整个企业的工作效率日渐低下。这种现象出现后，主管们有没有考虑过，当自己忙不过来的时候，是不是做了许多下属该做的事情。主管不是千里马，在跑道上与下属赛跑，而是千里马的教练，给下属发展的空间，让其纵横驰骋，把事情做好。这就是如何进行有效授权的问题，也是摆在众多管理者面前的突出难题。

通过对主管的工作盘点，我们发现，主管80%的工作都是可以授权的。他只需做事关企业命运和前途的20%的工作即可。其中最主要的工作就是出主意、用能人。具体包括：部门工作的规划、重要目标下达、人事的奖惩权、发展和培养下属等。其他可以授权的80%的工作主要有：日常事务性工作、具体业务工作、专业技术性工作、可以代表其身份出席的工作、一般客户接待等。因此，主管在授权时必须对自己职位职责有一个明确标准，按照责任大小把工作分类排队，自己只做最重要的工作就行了，其他的都可以授权。需要着重说明的是：无论授权到何种程度，责任是无法下放的。如果管理者把责任都下放了，只能说明他是退位而不是放权。各级主管在此常犯的错误有：授权时以为责任同权利一起交给下属了，当下属无法完成指派的任务时，他会将失败的责任推给下属。授权只能意味着责任加大，不仅对自己，还要对下属的工作绩效负全部责任。

量其能，授其权：根据员工能力大小和知识水平高低进行适当授权，是授权得以成功的关键。以功授权，以资历授权则会贻误大事。企业可以通过绩效评估、素质测评、观察、访谈等方法对员工能力进行排序，实施梯次授权方式。

一是制约授权：对刚进公司缺乏工作经验的新员工，可采用制约授权方式，交给他们最基本的事务性工作，同时对他们的行为进行实时监督检查，促使他们尽快熟悉工作过程和技能。这时主管是指导者身份，只需对下属进行详加指教即可。

二是弹性授权：当下属有了一定的工作经验，但技能欠缺时，就可以采取弹性授权制，不定时交给下属一些具有挑战性的工作，同时给他们相当的工作支持。主管扮演教练员的角色，把下属扶上马，言传身教，让下属尽快成长起来。

三是不充分授权：扶上马之后，自然要送一程。当员工具有相当经验和技能时，主管可将非常重要工作授权，如重要项目的谈判、公司最主要客户的拜访、公司重要决策的参与制定等，主管此时就摆脱了具体指导阶段，成了员工的支持者，这类员工通常是公司的中层骨干。

四是充分授权：实施充分授权的通常是公司的核心员工，是企业重点培养的对象。对于这类员工，只需把任务交给他们，就可以让其自由发挥，主管此时只需握住缰绳，别让其跑偏轨道就行了。

授权的这四个阶段是从低到高依次递进的，由于员工的能力、素质、态度的差异，有些人只能处于第二、第三阶段，能达到充分授权的只是一小部分员工。

五是系统授权方式：许多主管在授权时，通常拍着下属的肩膀说："工作交给你了，好好干。"没有明确的标准界定，缺乏系统的公司资源支持，往往使员工从授权之初的豪情万丈变为无所适从，最后心灰意冷，结果自然与领导的期望值相差甚远。

系统授权通常包括：明确授权确定：必须向授权者制定明确无误的任务目标，说明授权范围和限度、任务截止日期和验收标准，以及期望的成果，目标尽可能量化，切实可行。实践表明：在授权时，采取征询、启发、诱导等方式，让下属参与目标制定；至于完成任务的方式、方法、步骤，则由下属自行决定。这样做可极大地调动员工的工作热情，其效果远远好于主管集权命令式的授权。组织有效配合：授权意味着权利结构的转变和组织资源的重新整合，因此授权时必须给受权者全面的调用人、财、物、信息等权利。要弄清楚完成这项任务的条件是什么，涉及哪些部门、人员，这些条件哪些授权者可自己创造，哪些由主管部门书面协调。这时需要主管向相关部门、人员下达授权通告，指示他们大力配合。传授工作秘诀：许多看似简单的工作有很多无形的壁垒和窍门，主管或许早已驾轻就熟，但授权者必须苦苦摸索。主管在授权时就需要面授，向下属讲述完成任务时常采用的方法、程序、重点及关键环节、工作细节提示、此项工作的最终目的等。在授权时，详细向下属说明这些要素。

六是授权控制：授权不是弃权，主管从此可以撒手不管了。授权不加以控制，轻则影响公司绩效，重则造成严重的后果。有效的授权控制是绩效最后完成的强有力保障。目标控制：一是要依据工作目标和绩效标准进行过程控制，如果目标任务很大，可把目标分解成几段，分别检查；二是要建立定期报告制度，接受委派的员工必须定期向上级主管报告工作进展情况，对工作进程的重大事项进行说明，保证授权沿预定轨道前进。态度支持：对许多主管来说，授权不是能不能，而是肯不肯的问题。因此主管一定要摆正心态，让下属大胆尝试，对部下的轻微错误抱有宽容态度。尽量不干涉下属的具体工作，让下属不再有授权就是控制的感觉，这是对下属最大的信任。奖惩措施：当下属潜能得到发挥，业绩突飞猛进时，主管一定要适时奖励，对其出色部分予以充分肯定，对不足部分提出意见和指导，再配以相应的物质奖励，下属的工作得到助推，干劲就会更足。授权撤回：当下属行为已远远偏离原来轨道，甚至给公司造成严重损失时；或下属能力太差，根本无法完成任务时，主管应立即停止授权，以免造成更大的损失。

七是授权评估：授权总是在一定时间内生效，当任务结束后，要检讨授权是否达成预期效果。如果是，应当予以肯定和推广；如果没能达到预期效果，就应该进行检讨评估，查找授权中的不足。常用的评估手段有以下几种。

其一，被授权人的状态评估。如果在授权结束后，被授权人干劲倍增，精神饱满，毫无疑问，授权是成功的；如果被授权人愁眉不展，满怀懊恼，授权就有可能是不成功的。不过，需要对其中原因进行具体分析，酌情对待。

- 被授权人能力不足或对授权任务根本无意愿；
- 被授权人成了被鞭打的快牛，因为能力出色被连连授以重任而不堪负重；
- 没与绩效、奖惩、晋升等制度有效结合，使被授权人心怀不满。

其二，授权的结果评估。主要体现在两个方面：效率和业绩。二者都上升时，授权是富有成效的；二者都没有明显改观，甚至下降时，说明授权出了问题。

其三，授权者的自我评估。当授权者从繁杂的事务中脱离出来，开始考虑公司长远发展问题时，授权就有非凡的意义。如果授权者因此变得更忙碌，下属的请示更多，处处需要解决问题时，可以肯定地说，他还不懂如何有效授权。

需要指出的是，授权不是万能的灵丹妙药，它往往同企业的绩效评估、薪酬设计和晋升政策紧密相连，其他制度的不配套，会使授权效果大打折扣。因此，评估和实施授权要同企业制度系统结合，这样才能发挥其应有的魔力。

创造一个海洋，就会有鲸鱼成长；营造一个天空，就会有雄鹰盘旋；给员工一个发展的空间，员工就会成为企业栋梁。衡量一个管理者能力的标志就是：有一群业绩卓著的下属。做到这些，管理者便可垂拱而治，尽情享受人生，痛苦并快乐着。

10. 责任之别

将帅责任之别如表 2－10 所示。

表 2－10　将帅责任之别

责任之别	帅	将
	系统	局部

10.1　帅要承担系统责任

丘吉尔有句名言："伟大的代价，就是责任。"领导力的核心是责任。领导力的本质为什么说也是责任呢？关于这个问题，我觉得必须对"责任"这两个字有全面的了解、系统的了解。如果你不知道责任到底是什么，那么你也就担负不了责任，也就抓不住领导的管理核心。

《永不消失的责任》一书中所描述的："企业组织非常的'不幸'，从它诞生后就被赋予了来自于组织以外的责任：资本或股东要求它盈利；法律要求它遵纪守法；社会要求它与环境和平共处；客户要求它信守承诺；市场要求它遵守规则——所有这些来自企业组织自身以外的、对于企业组织的要求，都是企业必须承担起来的责任。"一种反向的理解是：假如企业组织不能承担起外部所赋予的责任，那么企业组织将吞下因责任缺失而产生的"恶果"；更严重的责任缺失行为，将直接危及企业组织的生命。石家庄三鹿集团的倒闭就是最好的例证。

从更积极的角度来看，责任不仅仅是企业生命的基本保证，还是企业获取竞争力和利润的来源，即“（长期）利润来自责任”的管理命题。管理大师德鲁克早在40多年前就告诉我们：管理的目的只有一个，那就是“创造客户”。事实上，创造客户的实现途径，涉及一个词——距离，谁与客户的距离越近，谁就越能获得利润。然而，“客户距离”却常常被误解为“流程压缩”或是“质优价廉”这样一些不着边际的东西，这显然是低估了客户或消费者的智商。

一个人只有承担了一定的责任，才有可能被赋予更大的责任。责任是对领导者的基本要求，领导者被授予权利的同时，应该对组织或团体的命运负有相应的责任，对组织或团体的成员负有相应的义务。权利和责任应该同步消长，权利越大，责任越重。比较而言，责任比权利更本质，权利只是尽到责任的手段，责任才是领导真正的象征。如果一个领导者仅有职权，而没有相应的责任，那么他是做不好管理工作的。领导者的与众不同，正因为他是一位责任者。如果领导者没有尽到自己的责任，就意味着失职，等于放弃了领导。

为帅之人是企业最大的责任承担者，既要承担个人决策责任，又要承担组织的系统责任。个人决策责任，是个人做出的决策产生的责任；系统责任就是全面责任，不仅要承担个人责任，还要承担下属责任、员工责任、社会责任；组织系统责任是组织中其他人员产生的相关责任。为帅之人是公司最大的决策者，是公司形象的代言人，所言所行所做都代表了公司。在实际过程中，公司企业一把手不注重个人形象，不注重语言、行为，给公司带来了极大的负面效果甚至损失。

由于在组织中的特殊位置——公司最大，没有人敢追究老板的责任，这个地方就成了责任的真空地带。企业一把手在承担责任的时候，分为主动承担责任和被动承担责任，作为企业责任的第一人，不管你承不承担，责任最终都在你身上。从大的方面来说，企业的法律风险责任，你不承担也要承担，但在这里，我们更多的讲是一些非强制性责任，企业内部的责任。对于责任的态度，主动承担责任、勇于承担责任是区别一个好帅与不好的帅的分水岭，不能做了决策不承担责任。

承担责任这件事不复杂，但需要勇气和牺牲精神，作为企业一把手，要主动承担自己的个人责任，要为员工负责、为股东负责、为客户负责、为社会负责，一个企业的责任感决定了这个企业的价值感；承担的责任越多，创造的价值就越多。责任的背后实际上就是价值，就是这个企业存在的理由和目的，一个没有责任感的领导者，一个没有责任感的企业，是不可能在市场上得到认可的。我们都知道三星手机当Note7 出了问题的时候，三星不是积极主动地解决问题，而是被动地应付问题，直到所有的航空公司都出限制，直到所有的消费者都知道后，才不得不停止 Note7 的销售，由于不敢主动承担责任，导致一个如日中天的品牌受到了市场和消费者的质疑。责任大于天，责任就是生命。不愿意承担责任，最终将承担更大的责任和风险。很多企业一把手不愿意承担责任，但不管愿不愿意承担责任，都是你的责任，与其被动地抵制责任，不如主动拥抱责任，责任是一种态度、责任是一种能力、责任是一种境界。

语言的巨人，行动的矮子，说一套，做一套。这说明一个人要负责任，必须要把责任意识落实到行为中。所以，讲责任必须讲责任行为。责任行为又必须是正确的、妥当的、符合规范的，这样的行为才是正确的行为，正确的行为才会有正确的结果。错误的行为得出来的结果是错误的结果。我们要负责任，必须要保证自己的行为是正确的。要做对事情包含两个方面的含义：一是做对的事情，二是把对的事情做对。什么是对的事情？怎样才能把对的事情做对？我觉得要符合客观规律，符合法律法规，符合道德规范，符合规章制度。所以，我们必须保证自己的行为是符合责任规范的，讲责任必须讲责任规范，有了责任规范的行为，符合责任规范的行为，正确的行为就会产生正确的结果，就能把事情做成。

把事情做成的结果叫什么果？成果。所以，责任必须讲责任成果。很多时候，我们说要讲结果，结果不对，要讲成果，结果有些是好的结果，也有不好的结果。负责任要的是好的结果，做成事情的结果叫成果。什么是责任？责任包含五个方面的重要含义：责任意识、责任能力、责任行为、责任规范、责任成果。如果一个负责任的人做到了这五个方面，这才叫真正负责任，这样的人才是负责任的人。领导什么意思？领导的最终目的是不是希望通过领导让下属每个人都尽到责任？所以，我们说责任型领导就是以终为始，抓住了核心和领导的本质。领导力的核心是责任，领导力的本质同样也是责任。什么是责任型领导？领导者通过责任文化建设，让组织中所有的人包含他自己，都成为有责任意识、有责任能力、有责任行为、有责任规范、有责任成果的堪当重任的责任人。领导者因此成为负责任的负责人。

责任意识表示一个人想做事，责任能力表示一个人能做事，责任行为表示一个人真做事，责任规范表示一个人干对事，责任成果表示一个人干成事。所以，我们说责任型领导所有的活动就是保证每一个下属都能成为想做事、能做事、真做事、干对事和干成事的人。你说哪一个领导的目的不是为了责任呢？所以，很多领导方式其实都是首战，最终目的殊途同归，都是责任型领导。责任大于天，企业一把手是否勇于担责、敢于担责，是做好领导工作的重要条件，强化担责勇气，不是挂在嘴上说说而已，必须落实到每一个具体工作中。然而，在现实生活中，有些企业一把手缺乏担责的意识与勇气，把责任推给下属、推给员工、不善担责、不愿担责、不敢担责，在思维上不用脑、不用心，在工作上不尽心、不尽力，在岗位不尽职、不尽责。

秦始皇统一中国时，中国只有2000万人，大家想想，当时一个皇帝要管那么多人是不容易的。但中国的皇帝没有电话、没有传真机，也没有电脑，信息流通非常慢，怎么管住这么多人呢？商鞅设计了一个制度，这个制度叫作“连带责任”，或者说“连坐制”，一人犯法，株连九族。有了这样的制度，皇帝就不需要监督每一个人，而是让每个小组带有连带责任关系的人自身监督。比如一个村某个人造反，皇帝就把所有人都杀了，为了自己不被杀头，每个人都不敢造反，这是中国皇帝2000多年来统治中国非常重要的制度。市场中一个企业承担的也是连带责任，任何一个人或者同一个品牌，它们之间相互承担责任。比如买大品牌的鞋，大品牌的鞋是由很多企业生产的，如果一家企业生产的鞋出了问题，所有的企业都会遭殃，因为品牌受损，价格会下降，生产企业、工人、原材料商的利益都会受到损害。从这一点上，我们理解了企业在市场中就是通过连带责任建立的信任机制。

但企业要根据制约的合同机制建立连带责任，为了更好地承担连带责任，企业就出现了所有权、利润、老板。什么叫老板？所谓老板就是对所有员工承担最后连带责任的人，或者可以这样解释，所谓老板就是找不到别人的毛病，就都是你的毛病。比如你是一家餐馆的老板，如果餐馆的服务员、厨师洗菜没洗干净，客户吃了以后住院了，谁承担责任？老板。尽管在客户吃饭时老板根本不在现场，但承担责任的是老板。利润是责任，就是这个含义。我讲过，一个人在一个企业，有多大的能力承担责任，你才能够赚多大的钱。比如你为十万人的企业承担责任，你可以雇十万个人生产，赚的钱就多；如果你只能为一个人承担责任，可能你只能开一个小铺子，赚的钱就少；如果你一个人都承担不了，只为自己承担责任，那你就只能当个体户，或者当雇员。所以，企业家的能力在于承担责任的能力。

10.2 将要承担局部责任

我们先看一个故事：某日早上，某中型文具生产企业的行政部经理急匆匆地跑进总经理办公室，向总经理汇报说厕所冲不干净，希望可以装配水箱加压装置。总经理听后大怒："厕所冲不干净都来找我？"行政部经理赶忙解释："我已经多次和集团工程总监反映水压不够的问题，但工程总监坚持认为是使用厕所的人没有冲水，而不是新办公楼的水压问题，反而埋怨我们行政部没有做好卫生宣传工作。"听后，总经理立刻委派助理到厕所进行实地"考察"，并测试厕所的水压。下午，总经理助理向总经理汇报，8 个厕所共 32 个便池有 8 个存在水压问题，主要集中在办公楼第 4 层。

于是，总经理立刻让行政部经理进行协调。次日，行政部经理将书面报告呈交给了总经理，根据集团工程总监的意见，由于加压泵将耗费 10 万元投资，建议增加 2 名后勤人员专门负责厕所卫生。总经理考虑到人员成本的问题，没有批准报告，于是该问题被暂时搁置。一个月后，由于董事长办公室的厕所进行维修，董事长在光临 4 楼厕所的时候不幸目睹了"惨象"。董事长大怒并立刻找到行政部经理当面怒斥。行政部经理听后委屈地解释："一个月前，我已经将解决该问题的书面报告呈交总经理，但由于人员成本问题总经理没有批准。"

（1）董事长的困惑。

“一个月的时间 + 三个部门共同努力”，为什么厕所的冲水问题还没得到解决？

一个月后问题依然没有得到解决，责任应该由谁承担？

如果连厕所的冲水问题都解决不了，公司的务实、求真、高效的管理方略何年才可以实现？

（2）是人的问题还是厕所的冲水问题？

每家企业都或多或少有类似的扯皮现象，一个问题由下至上反映，再经过跨部门的商讨后可能由于某种客观原因而被搁置，最后被渐渐淡忘。虽然企业面对的管理问题很多，比如业务开拓、成本控制、运营管理等，某些问题会被分成紧迫重要的和无关重要的问题。可是，再无关重要的问题如果得不到彻底解决也会给企业带来负面作用，日后要是想处理这些久拖不决的问题，我们将要付出比当时更高的管理成本和代价。如果目睹上述“惨象”的是一位大客户，很可能该公司会召开一次全体部门经理以上的会议，从老总到部门经理甚至都要花一个小时的时间去检讨和解决这个问题，真是让人啼笑皆非。所以，在企业管理中哪怕是再小、再无关紧要的问题，如果得不到解决，会为企业带来至少以下三方面的危害。

一是处理那些久拖不决的问题会比在问题出现时立刻处理花费更高的管理成本代价，因为处理者将要花费额外的时间去了解、回忆和证实问题的成因和过程。

二是经过时间的催化和跨部门的工作交接，小问题会逐渐变成大问题。比如一家企业的仓库管理员因为圆珠笔钝化，将出仓单上的货品数量“8”写得像“3”，结果财务部在核算该生产计划的材料成本时，漏算了另外5件已经领用货品的成本，而且后来财务部全体人员花费了一个周末的时间才将库存数据调整回来。

三是在企业的运营管理中，如果有很多小问题经常是久拖不决的，除了可能归咎于人的因素外，更多地是显示了企业没有形成“解决问题的机制”。也就是说，这家企业解决问题靠的是人，而不是靠制度。

(3) 另外一种结果。

上面的例子，其实行政部经理、工程总监和总经理各自都履行了自己的岗位职责，并且都在发现问题时迅速做出了相应的动作，因此他们的责任心没有问题。问题究竟出在哪里？

问题一：行政部经理和工程总监忽略了潜在的岗位职责。

如果我们将集团工程总监看作是承包新办公楼的承建商，行政部经理就是该办公楼开发方（文具公司）的代表，集团工程总监有责任向行政部经理解释问题的原因和解决方法，行政部经理需要做的只是打电话叫工程总监或其下属到场解决就可以了。如果确实发现是水压问题而在设计时工程总监没有考虑到该问题，责任自然由工程总监负责；如果工程总监当时建议安装加压泵，但董事长从成本方面考虑否决了，就由董事长负责任。

问题二：从总经理、行政部经理到工程总监都没有对问题形成具体的时间表。

就像很多企业开会一样，一份书面的议程都没有，总经理提出问题后，各个部门经理分别阐述意见，结果散会时没有人知道自己接下来该干什么，也不知道谁来检查他们的作业。上述例子中的总经理没有对行政部经理下达解决该问题的具体方式和时间，行政部经理自然不急，工程总监由于在另外的办公楼上班也不能每天“切身”感受问题的严重性，结果一个月后问题始终得不到解决。

问题三：内部市场化的概念。

其实在企业内部也存在着各种形式的市场环境，比如负责基建项目的工程总监，本身就是一位内部承包人。工程总监虽然不用亲自砌砖头，但他对新办公楼的质量和使用有着完全的责任，尽管项目预算的总体审批往往由老板负责。如果从董事长、总经理到行政部经理都有这样的概念，这个问题就永远不会提到总经理的桌面上。如果各位职业经理人都将同事看作是自己的尊贵客户，企业里到处都会弥漫着效率的味道。

为将要敢于承担局部责任，所谓局部责任，就是自己应该负担的责任。做销售的没有做好，不能说是公司的产品不好；做生产的产品品质不过关，不能说是招聘的人员不好。执行要承担执行的责任，营销要承担营销的责任，管理要承担管理的责任，不要事情出来后，首先想到的是把自己的责任推得一干二净，不要想事件的起因，首先想到的是自己在这个过程中没有做好的方面、没有做到位的地方，只要承担起自己应该承担的责任，才能让别人承担自己的责任。如果否定了自己应该承担的责任，把责任全部推到对方头上，对方即使是主要责任，也不会主动承担，也会第一时间想对方的细微责任，同时把这种细微责任放大到主体责任。然后，就会出现相互推卸责任，大家都不负责任的局面。只有主动承担起自己的责任，才能各司其职，才能在各自的工作中精益求精。

11. 错误之别

将帅错误之别如表 2－11 所示。

表 2－11　将帅错误之别

错误之别	帅	将
	试错	杀错

11.1　帅要敢于试错

为帅之人要敢于试错，试错的过程本身就是试对的过程。为帅更多的时间是在为公司寻找方向、寻找人才、做决策、做判断，而方向本身就是在一个不确定的环境中，在不确定的环境中所选择的本身也具有不确定性，在做决策和判断的过程中，本身就存在错的或者不好的决策。如果每一次都要求是对的，我们就不可能对未来做出决策和判断，因为没有人没犯过错误。错误本身就是为了找到正确的路径和方式，如果不敢试错，有可能导致我们什么都不敢干、什么都不敢做，导致我们故步自封、停滞不前。

为帅之人要有敢于试错的勇气和决心。胆子大就是一种敢于试错的勇气，敢于尝试的决心。很多时候，我们不敢试错，是害怕错误带来的风险。但是，不试错带给企业的风险可能会更大，没有直线发展的企业，企业都是在曲线中成长的，试错本身构成了企业成功的一部分。段永平就是一个敢于试错的人，不断在试错的道路上选择正确的道路，对的事情持续坚持，不对的事情不管付出多大的代价都叫停；在原则性的问题上，不脱离事物的属性，对就是对，错就是错，是非不应该让路利益，对错不纠结于投入。恒大的许家印也是一个敢于试错的人，看好水市场的无限风光就去做，做了发现问题很多，就及时刹车。试错、试错，本身在于试，不行就要及时调整。有一些企业发现错了，不敢承认，不敢调整，把试错当成干错，错了还要继续干，怕别人说自己错了。一个为帅之人没有试错的决心和勇气，就不可能有突破性的发展和变革。

爱迪生如果没有1000多次的电灯试错，也就不可能有今天的光明。为帅之人要不犯方向性的大错误，就必须在混沌的、不确定的环境中敢于犯小错，敢于试错，敢于在错误中学习，敢于在错误中找到正确，敢于在不确定中寻找确定性。“我天天思考的都是失败。”任正非在《华为的冬天》中说道。作为一家具有系统性创新基因的企业，华为的手机份额从一开始的陷入困境到今天跃居全球前三名的佳绩，离不开其允许人们“犯错”的企业文化。经过了若干次失败的尝试后，在惨痛经验中成长起来的华为终于研发出令消费者满意的产品。

“首先你要允许失败。”詹长霖说道。对企业来说，敢于试错，容许失败的态度，意味着企业要为创新付出一定的成本和代价。“大部分企业之所以没有敢于试错的企业文化，是企业家、管理者本身的推行不够彻底，是领导者的个人毅力、耐心和决心不够。企业文化的建立要自上而下，在企业发生问题的时候，领导者要站出来承担责任，而不是推卸责任。”企业员工害怕被贴上“失败者”的标签，企业中也没有营造相应的宽容氛围，因而大多数员工驻足不前，不愿意挑战和突破，从而导致企业停滞不前。“企业应该有容错机制。”阮芳表示。所谓“容错”，便是容许失败、敢于试错，并且让组织能够在创新上锐意进取，不会因为惧怕责罚而止步不前。“公司的核心价值观和管理文化，具有创始者的个性和特色。领导者通过在决策机制中自我否定和允许不同声音的存在，来保证享有不同的观点碰撞和更有新意的想法诞生。”

在这一点上，任正非就曾明确表示过“对明哲保身的人一定要清除”，他认为这些只顾保自己利益的人是变革的绊脚石。如果在工作中，没有改进行为，甚至一次错误没有犯过，就应该免职。由此可见，任正非对企业“试错”文化建立的重视和决心。然而，应该如何鼓励“失败”？詹长霖建议，企业可以在内部成立“Loser（失败者）俱乐部”等，让试错形成氛围。同时，在试错的过程中鼓励员工分享失败经验，由此学习如何避免再次犯错，从而离成功更近一步。“通过讨论‘失败’的创意，或许会打开另一个未知的市场也说不定。”另外，除了允许失败，企业还可以奖励失败。比如企业举办“年度最佳失败奖”评选活动等，都是行之有效的办法。不过，虽然鼓励试错，但也应该有所节制。对于大多数中小企业而言，在并不具备过多资源的情况下，试错过多反倒会让企业得不偿失。“要有‘条件的’的失败，中小企业口袋不够深，试错可以受伤但不能导致灭亡。企业可以成立创新委员会或者让相关高管去评估、衡量创新的成效。”

詹长霖：“70、20、10”定律较为适合企业发展，即创新投资中，70%用于“持续的”创新，如迭代产品的研发；20%则投入于较为“领先的”创新，比如下一代产品的设计；而剩下的10%则可以让员工大胆试错，甚至可以研究和当前产品业务全然无关的项目，为公司未来十年的发展和布局做好准备。“通过这种运作方式，企业的创新可以持续发生，甚至有可能得到一些意料之外的惊喜，这会让你的企业受益无穷。”

创新的文化不止于容许犯错，如何从整体上打造创新文化？普华永道思略特咨询公司建议企业采取五项措施：在企业的生态系统中鼓励各方合作；对内部创业者的创新努力进行评估和激励；强调速度和敏捷度；像创业风险投资家那样思考；在创新与卓越运营之间取得平衡。

11.2 将要敢于杀错

将要敢于杀错，杀错就是让错误少发生、不发生，发生后要及时禁止错误继续发生。为将在执行，为将在达到目标、执行过程中，难免不发生错误，如果不及时纠正错误，错误就会一直延续，小错酿成大错，最终会给公司企业造成巨大的损失。因此，将在日常工作中，很重要的一项就是预防错误、发现错误、纠正错误、改正错误。为将就是要与错误势不两立，对待错误就是要小题大做，不能轻易放弃一些小错误，认为小小的一个错误没有影响，但实际过程中，我们的结果难以达成，我们的执行难以推进，很多都是由我们对于小错误的纵容和放松造成的。

很多时候，我们会认为小错没有什么大影响，没有什么大问题，但实际上小错就不应该是错，小错说明我们的基本技能没有过关，小错是可笑的、可恶的。我们经常说“连这种小错你也犯”，说明这个人连最基本的都做不到，是不可以容忍的、不可以接受的，我们不允许犯小错，小错暴露了大错，小错比大错还让人无法接受，因为大错可能是各种环境或因素造成的，可能是你根本不具备这方面的能力和水平，而一个经常犯小错的人，说明你连基本的东西都没有掌握。比如在汽车生产制造中，小小的一个螺丝钉没有拧紧，可能造成车毁人亡的严重后果；在财务工作中，财务人员的一个小数点，可能给公司造成巨大的财务损失。

我们要建立杀错、纠错、改错的认知模式，不要以难免有错误为借口，不要以小错为包容，“不以善小而不为，不以恶小而为之”。实际上，错误一般分为两种：一种是思想认知的错误；另一种是行为动作上的错误。我们要建立纠正错误的认知习惯。在日常的工作及生活中，我们经常会遇到这样一种由认知模式形成的不良习惯。也许这种不良习惯的产生是偶然出现的，也可能仅仅会给周围人带来不便，或者可能给生活中造成一些混乱。但表现在工作和实际生产操作中，就会因这种错误的认知模式形成“习惯性违章”，有可能导致事故发生。很多人或许还没有意识到习惯在生活中发挥着多么重要的作用，习惯在影响着我们的生活。研究证明，一个人的日常活动，其中90%是通过不断地重复某个动作，而在潜意识中转化为程序化的惯性，也就是不用思考，自动运作。这种自动运作的力量，即习惯的力量。

世界上著名的“铁娘子”——英国首相撒切尔夫人在谈及习惯时说：“有时事务太忙，我也感到吃不消，但生活的秘诀实际上在于把90%的生活变成习惯，这样就可以习惯成自然了。毕竟你想都不用想就去刷牙，这是习惯。”撒切尔夫人所说的“想都不用想”，实际上就是受习惯支配的潜意识的作用。

12. 风险之别

将帅风险之别如表2－12所示。

表2－12　将帅风险之别

风险之别	帅	将
	决策	执行

12.1　帅要控制决策风险

有决策就有风险，决策本身就是在多个不确定性的方案中去判断相对确定性的方案，即使自以为确定性的方案也存在不确定性，决策本身就是一个选择、判断的过程，决策本身也是一个舍得的过程，选择了这个方案，就要舍弃另一个方案，从来就没有完美的方案，只是在众多方案中选择风险相对较低的方案。决策具有目标性，决策是为了实现一定的目标而制定的。决策具有风险性，决策是针对未来一定时期的活动，即未来未知的活动，因此决策具有一定的风险性。决策不仅涉及活动的方向，还涉及活动的内容及方式。决策不仅包括活动的选择，还包括活动的调整。

决策意识固化：集体决策制是否会走形式，主要看我们对集体决策背后所隐含的风险的客观预估和实际运用中掌控能力的把握程度。集体决策制所对应的是个人决策，解决的就是因个人决策、独裁或武断造成的决策失误。在某种程度上说，集体决策制的提出限制了个人权利随意发挥，对一把手而言，这是责任的分担和权利的分化。

国有企业作为国内的经济命脉和重大民生的主宰实体，承担着很大的责任，也掌握着很多的资源和权利，因此作为一把手，要从思想上重视自身价值，将竞争的视野放至国际。只有提高了竞争意识，才能提高思想觉悟，才能对决策的结果方方面面考虑周全，这是一把手在集体决策制中的思想转变。如果一把手不抱着积极态度去转型，在决策机制中还以自我权利为中心，以形象工程为绩效，不从市场出发，不从实际出发，不从国家利益最大化出发，决策势必会出现重大偏颇。因为在管理中，必须以人为本、以人为核心。但我们也不能忽略，人是最宝贵的资源，又是最不可靠的资源。因此，作为公司的帅，在执掌企业的时候，珍惜手中权利，知人善任，发掘真正实干、实用、实效的人，把自己放在企业体制之后，把团队利益放在个人价值之前，才能使集体决策落到实处。这是降低集体决策风险的第一要务。

决策效率下降：集体决策由于程序烦琐，花费时间、精力、人力，多人参与，导致决策效率下降，而且部门间由于立场不同，容易出现本位主义，考虑问题易从自身利益出发、从小团体出发，从而不容易形成统一意见，导致有些问题因为谁都不愿意承担风险和责任而得不到最终解决。这是集体决策面临的第二个风险。解决之道就是首先明确集体决策的内容范围，从“三重一大”的原则出发，将与自己本部门挂钩的相关事宜明确出来，并在一些重大事项上采取双向责任约束，出台部门经济责任制和个人责任制的责任体系制度。

部门经济责任制主要是从经济指标、经济责任、经济权利、经济义务、经济核算五个方面对部门加以约束，个人要从经营、组织、管理、策略、作业、行政六大方面加以约束，而部门责任制和个人责任制作为绩效考核的中心内容，与其权利和利益对应挂钩，通过双制的完善，就能够理顺组织架构、部门关系、团队协同、个人权责，就能够有效避免责任不清、无所作为、绩效无果、效率低下的风险。

决策成本上扬：在推进集体决策的过程中，我们不可回避的一个概念就是决策成本。决策成本包括决策时间成本、决策尽职成本、决策补失成本。作为一把手，能够当断则断，不能让决策由于各方原因久拖未果。所以，在进行一项重大事项的决策时，必须明确工作计划，明确工作进度表和要达到的结果。在这个过程中，引入各方意见，反复论证，利用 SWOT 分析法，分析优势、劣势、机会和风险，最终做出决策。

管理大师德鲁克说过："如果没有时间管理，一切管理都无从谈起。"因此，时间是验证决策成本高低的要素之一。决策尽职成本则是即使考虑很周全，集体决策也发挥了该有的作用，也按照既定的程序进展，但还是有一些客观的变数使我们重新从原点思维考虑决定的正确与否。在管理过程中，有一个逻辑思维容易被忽视，就是很多今天的问题都是由于昨天解决问题的方法产生的，所以一把手的尽职更多体现在比一般人有更高的视野、更冷静的思索、更全面的认识和更大容量的责任承担。在出现问题之前，在每一个决策之前，都应考虑风险的化解方案，也就是决策补失，不能就一套方案，即使是集体决策的结果，也应有备选的内容。这一点既发挥了集体决策的优势，又能将一把手的正面能量发挥到最大。

决策质量下降：由于参与决策的人员、权利、责任不同，组合在一起，很难做到完全平等。一方面，队员会有"站错队"的顾虑，怕这次的决策意见一旦与上级领导不一样会影响日后的发展，所以明哲保身，保留真实意见而使集体决策质量下降；另一方面，上级可能为照应这方关系、顾及那方利益而最终使决策求得平衡。为了杜绝这两种现象的发生，一方面，加大信息化透明制度，对于一些牵扯民生的项目可以以征询意见的方式向地方乃至全国征询意见，并向专家进行咨询论证，学习先进国家、企业的经验，根据本国国情和企业实际情况，拟订切实的决策意见，在内部进行讨论决议；另一方面，发挥企业各方组织力量和功能，严格按照相应程序来执行，不能以偏概全，发挥监事会的真实作用，建立效果追溯机制，并按阶段、按计划客观评价。

决策内容泄密：集体决策的出发点就是加入了多方监督，防止“一手遮天”的决策结果，不过任何企业都有自己的商业机密，参与的人多了，泄密的渠道就多了，有些无意向亲朋好友谈起，有些则有意以此为商业资料卖给竞争对手等都成为集体决策暗藏的隐患。所以，在参与集体决策的人员中，企业必须建立相应的保密制度和禁止竞业制度，纳入责任制度体系，并发挥法律的刚性作用，对此作出明确的规范要求。集体决策的内容都要经过保密设置，参与集体决策的人都要在项目意见书上写上自己的真实意见和签名，董事会要保密，并经得起审计局、监事会的监督和审查。追究个人责任的时候便能够落实到人了。

集体决策在很大程度上发挥了集体的力量，对于一些有冒险精神、魅力型领导或许是一种压抑的做法，久之则会挫伤这类企业家的商业智慧和积极性。在这个问题上，其实对集体决策深入解读后并不难解决，因为集体决策发挥的是团队作用，是针对一个重大事项、目标所采取的决策形式。对于一把手而言，既要从团队的智囊团中获取最有价值的信息来为最终形成的决策决议服务，还要全面整合做最后决断。

集体决策并不是否决了一把手的决策权利，相反，对一把手的判断能力有了更高的要求。因为过去自己独裁时，没有人会真正对自己提供有价值的信息，久而久之大家就会表面上和和气气，出了事情领导一人扛。“对于企业和企业家而言，坏消息知道得越早越好。”集体决策能从信息全面性上为一把手提供支持，适当采取一定的激励和奖惩措施，更会增强集体荣誉感和激励集体决策的效果。

决策绩效模糊：由于是集体决策，因此表面上是大家都在群策群力，都在为最终目标服务，但是一旦决策出现偏差或失误，难免会有一些人开脱自己，说当初自己其实是这样认为的或者有一些理由来掩饰自己当初决策时的无奈之举。而一把手成了失败决策的“替罪羊”，这样的结果产生在于决策绩效的不明确。决策有风险，决策有责任，从最高层领导来讲，要建立允许失败的机制，明确成败的标准，并能把集体的荣辱捆绑在一起，即使决策失误一回，也不能失了人心。在每一次事项决策之前，明确主要的责任主体并给予相应的资源配置、激励支持，对可能发生的潜在危机尽量做到预估充分，建立起决策绩效机制才能对最终“一锤定音”的一把手有绩效激励的作用。不然，最后很多事情办好了，大家争着抢功劳，内部利益分化；事情失误了，大家互不承担责任，最后成为“无头案”不了了之。

12.2　将要控制执行风险

将在执行，为将要控制执行过程中产生的风险。企业要持续经营，必须控制风险。要控制风险，仅仅依靠制定好的规则还不够，因为风险有不同类型，能够用制度解决的只是其中一部分。大体来说，风险可分为如下几类。

一是可预防的风险，这是由企业的行为带来的风险，这类风险通过完善制度、严格管理可以避免。

二是策略性风险。譬如开发新产品、新技术，投进去的钱可能因为这个产品卖不出去而无法收回。

三是外部原因。譬如地震等自然灾害，或者其他公司倒闭带来的影响等，这类风险是无法控制的。

站在企业风险控制的角度来讲，真正通过制度、通过完善内部管理能够改变的只有第一类风险。这类风险如果控制不好，最容易带来的后果就是企业出现舞弊。但千万不要以为内部控制执行了，就可以杜绝所有的风险，内部控制绝对不是万能的，不要认为建立一个好的制度就可以避免所有的风险。德勤最近对中国企业做了一个调查：你觉得未来三年影响企业经营的风险是什么？调查的结果有两个：宏观经济风险和竞争风险；人才风险。对绝大部分企业而言，这个结果带有普遍性。那么，不同级别的风险怎么防范？在美国做舞弊调查的机构COSO 提出了内部控制的框架，包括三个目标、五个要素。所谓的三个目标：一个是指有效率且有效果地使用公司资源，其余两个是财务报表和合规。在三个目标中形成了从下到上、从基本到高端的五个要素。

第一个要素是控制环境。换句话说，就是要建立企业文化，让正直的人得到重用，让员工知道公司有什么地方是零容忍。

第二个要素是风险评估。企业家永远要想清楚一点，做企业需要冒险，但只能冒可以承受的风险，绝对不冒不能承受的风险。

第三个要素是控制活动。要建立控制制度，区分不相容职务。有一个基本原则：两个人做一件事情总比一个人做安全，因为两个人有监督和约束。

第四个要素是信息与沟通。在合适的时间让人得到合适的信息。

第五个要素是监控。企业领导者做监控通常用的手段是签名，要让每一位签名的人都明白：签名意味着你掌握了签名所需要的所有证据，明白签名以后可能产生的后果，并愿意承担签名带来的所有责任。

调查显示，很多企业内部控制执行难，首要原因是一把手舞弊。换句话说，再好的制度只要有一个人可以置身制度之外，这个制度就是废纸。做风险控制，本质上是一个非常让人难受的工作。因为风险控制是一个成本中心，它意味着花的钱是看得到的，真正产生的价值未必能看到。做这个行业的人，最苦恼的是将风险控制做到极致后，公司一点事情都不出。公司难免会问：要你们这些人干什么？如果企业成本压力大时，这方面就会舍不得投入。企业家要时刻牢记：企业安全才是第一位的。如果企业不能生存，何谈其他。但经营环节充满不确定性，必须强身固本，才有余地施展自己在其他领域的才能。否则，就会倒在成长的路上。

13. 财务之别

将帅财务之别如表 2－13 所示。

表 2－13　将帅财务之别

财务之别	帅	将
	分钱	聚钱

13.1　帅要学会分钱

有一句话："做对事、选对人、分对钱。"做对事，就是要选择好的方向；选对人，就是在企业的不同发展阶段选择合适的人才；分对钱，一个企业的核心就在于能否把钱分好。赚钱的目的就是为了分钱，我有一句话："营销的本质是产品，产品的本质是价格，价格的本质是价值，价值的本质是价值链分配。"企业实际上就是一个价值分配体，企业本质上就是一个价值链，只有各个链条上价值平衡，这个组织才能形成合力，这个链条才能不断裂，其中一个链条上价值得不到满足，就有可能导致链条崩塌。

消费者的价值得不到满足，消费者不买企业的产品，企业的价值也就成了无源之水，无本之木。终端的价值得不到满足，产品就堆在仓库里，营销人员的价值得不到满足，公司的销售就难以提升和突破。所以，从本质上说，企业就是一个价值分配体，企业的一把手就是要做好整个价值链的分配，只有做好整个价值链的分配，才能聚焦不同的人。

段永平的分钱之道：1995 年，段永平在东莞创立步步高。创始团队有 6 人，陈明永、沈炜、黄一禾等都是跟随他离开怡华集团的元老。2001 年，步步高拆分股权，成立了三家相对独立的公司。在董事长段永平的带领下，出资 3000 万元成立了 OPPO 品牌，陈明永成了 OPPO 的 CEO。VIVO 则是步步高通信负责人沈炜 2011 年成立的品牌，这两家公司既有共同的基因，又是竞争关系。段永平拆分公司是为“退休”做准备。2002 年，他移居美国。步步高草创时期，几乎所有中高层都入了股。许多人没有钱，段永平借钱给下属买股份。他这种“杯酒送兵权”的做法甚至形成了独特的企业文化。老板不占太多股权，中高层和员工大量持股。这种企业传承的精神也传递给了 OPPO、VIVO。“OV 兄弟”也很好地继承了段永平企业管理的基因，逐渐进化成中国最赚钱的手机之一。

既然分好钱是聚人的基础，那么如何才能分好钱呢？有没有公认的分钱标准？一般来说，我们都会提出一些几乎全世界都通行的原则，比如公平、公正、公开、按劳取酬、奖勤罚懒、业绩导向等。可是这些原则落实真的很难，因为具体的标准难定，因此薪酬设计变成一门技术含量很高的技术和艺术。

既然分钱的标准很难，为什么有的分法非常有效、有的分法非常糟糕呢？笔者仔细研究相关案例，总结了很多人（包括自己）的经验和教训。我觉得，分钱的标准不是“应该”分多少，而是你“想”分给别人多少。

我们通常会遇到“应该如何分”的问题，可是“应该”其实是一个很主观的词，对方觉得你应该先让步，你觉得对方应该先让步，如果都不让步呢？必须有一个人先让步，这就不是应不应该让的问题，而是你的目标是什么。要不然，你就不能突破经济学中的“囚徒困境”。这就是当时冯仑在提到如何分家的“江湖分法”，也是当年马云把很多股份分给一起创业的同伴的原因。

这个著名的博弈情景其实是一个心理问题，是一个“感觉”问题。我在讲关于薪酬问题的时候常常强调“感觉公平”而不是空洞的“公平”。

可见，物质需求属于经济学范畴，但本质上是心理需求，多少是多，多少是少，不是绝对的客观问题，而是心理需求。

所谓吃亏是福，就是应该自己得到的给了别人，自己吃亏了，让别人占便宜。分钱没有绝对的公平合理，一般都对自己获得或失去的更加关注、更加敏感，因此，当你把应该得到的部分给了别人的时候，别人才能感到公平、合理，才能聚在你的身边。如果你总是按照心中的“应该”标准分财，恐怕问题就出现了，因为从心理学的角度看，一般人都会高估自己的贡献、低估别人的贡献，因为他看不到别人具体做了什么，可是对自己做了什么是一清二楚的。组织的领导者要考虑人们的这种心理状态，似乎我比较辛苦，多拿一些、多享受一些是完全合理的，但别忘了你是分钱的人，首先考虑的是别人对你的做法的心理承受。

德国哲学家叔本华有句名言：“一件事的真相不重要，最重要的是人们对这件事的解读。”其实，分钱就是这类事情的典型，事关所有相关者的心理感受。

当一个员工看到老板开着奔驰跑过的时候，如果他的工资已经拖欠好几天了，他会有什么感受？可能这个老板正开着奔驰筹钱呢，可是，谁知道你在干什么，也没有兴趣知道你干什么，只是看到你开着奔驰来回跑而他没有工资。因此，领导者要非常留意并在意大家的金钱感受，把分钱当成一件满足心理感受的活儿，多研究员工的心理感受、多研究分钱过程利益相关者的心理过程。

2006 年前后，国内一家大型咨询公司发生裂变，四个高级合伙人各领一批人成立了四个独立的咨询公司。这些合伙人既是管理咨询界的元老级人物，而且个个能力超强，更重要的是看起来还比较互补，有做投资的、有善于策划的、有对人力资源熟悉的、有对组织建设拥有开创性观点的，搭配多好，当年可谓叱咤风云，令人羡慕，甚至连他们自己都觉得咨询领域无人能敌。可是，为什么熟悉制度规则、看起来犹如黄金组合的聪明人却不能成就一个公司伟业呢？原因很多，物质利益分配出现不可调和的矛盾是根本，每个人可能都觉得自己的贡献最大，都觉得自己对公司付出的太多，谁也说服不了谁，心理越来越不平衡。崩盘变成了再自然不过的事情，如果想当老大的人把更多的利益分给其他兄弟呢？情况是不是有所改观？这不敢妄加猜测，但是在利益的问题上谁也不让步，只能分家过日子。

看来，分钱要考虑的第一要素还不是客观的绝对公平，而是让人有公平的感觉，分钱满足的更多的是心理需求。分钱的过程是一个很强的技术活儿，更是一个对人的心理不断研究揣摩并进行针对性满足的过程，艺术性很强。

13.2 将要学会赚钱

企业要生产，就必须赚钱，赚钱是企业的本能，就像吃饭是人的本能一样。管理大师德鲁克说过一句话："不赚钱的企业是不道德的。"企业有很多美好的愿景、想法，但这些都依赖于成为一家赚钱的企业，企业不赚钱，想对员工好，想对社会有贡献，是绝对不可能的。企业从本质上就是大家一起玩的赚钱游戏，既然大家都是游戏的参与者，就都有责任和义务为企业赚钱。

很多人认为，要想企业赚钱，就必须把产品卖出去。谁在卖产品呢？营销人员，大家就认为营销人员就是为企业赚钱的人员，好像赚钱只与营销人员有关。赚不赚钱是营销人员的事，实际上，企业的每个部门、每个板块都承担着产生价值、创造价值、实现价值的功能。每个部门都应该对自己的工作是否为公司创造价值进行评估，有人会说："我一个看门的，怎么为公司创造价值。"实际上，门岗是公司一个重要的价值创造部门，门岗代表了公司的第一形象，对外的基本窗口，我们到公司考察，首先给大家第一印象的就是门岗。其次，门岗承担了公司财产的安全保卫工作，能够让公司的财产不受损失，本身就是为公司保值、创造价值。龙湖是中国一家优秀的房地产公司，也是中国物业服务做得最好的公司。大家之所以愿意购买龙湖的房子，不是说龙湖的房子有多好、价格有多低，看重的是龙湖的物业服务。服务部成为龙湖赚钱的部门，销售在这个过程中是价值过渡的实现。

每个部门都是价值创造的部门，部门存在的价值就是为公司创造价值。生产部门做出更好的产品，研发部门研发更新的产品，采购部门采购优质的产品，人力部门找到更好的人才，营销部门销售更多的产品，都是价值的创造，都是赚钱的过程。比如人力部门，根据岗位要求，为公司找到更合适的人才，本身就是为公司创造巨大的价值。如果招聘的人才技能不达标、经常性流动，就不是创造价值，而是带来价值损失。这种损失，有时比我们看到的实际产品销售损失还大。

14. 局势之别

将帅局势之别如表 2－14 所示。

表 2－14　将帅局势之别

局势之别	帅	将
	格局	大局

14.1　帅要追求格局

有一句话：“格局决定结局。”格局其实包含三层含义：一是看得高、看得远、看得宽；二是很有包含力、内容力，能够容纳很多事，不计一时小得小失，主动放弃小恩小惠；三是有很高的品格、品位、品质。格局是一种大气，格局是一种包容，格局是一种品格，格局是一种信任，格局更是一种境界。凡做大事的人，都是有大格局的，换句话说，你的格局有多大，事业就有多大，格局就是你事业和人生的高度。无论如何，你的事业不可能超越你的格局，你的格局就是你的事业的天花板。和有格局的人相处，总感觉自己的空间很大；和有格局的人相交，总感觉自己的内心很舒畅；和有格局的人合作，总感觉自己的前途很光明。中国人在建筑上讲究大格局：门楣要高、屋宇要广、庭院要深、方位要正，然后，小桥流水、杨柳堆烟，正所谓：庭院深深深几许，杨柳堆烟，帘幕无重数。玉勒雕鞍游冶处，楼高不见章台路。我们不但喜欢这种外在看得见的格局，更在意人心中看不到的格局。

（1）大视野产生大格局。

要想产生大格局，就必须见多识广。井底之蛙，以为天就水井那么大，世界只有水井那么大，我们都笑井底之蛙格局小，格局就水井那么大。实际上，井底之蛙本身很冤枉，它的格局是受环境所限，它无法通过自己的努力改变对世界的认知、对世界的看法，也就决定了它的格局是无法突破的。在现实生活中，这样的例子还是很多的，我们会抱怨一些人没有格局，但换位思考，他说局限的空间和环境，是无论如何也难以让他产生大格局的想法。还有一个故事是夜郎自大，说的是夜郎本身是一个小国，但夜郎国王却认为自己是天下第一大国，我们也笑夜郎格局不大，故步自封，自以为是。但这与井底之蛙是有区别的，夜郎国本身不受环境所限，可以走出去，他的世界本身是没有边界的，但他不出去，就自以为夜郎国最大。

我们很多时候是可以走出去看看的，但我们给自己找各种理由，不愿意走出去，不愿意和同行交流，不愿意和外行分享，这是自身的原因造成我们无法突破格局的局限。三国的时候，袁术从孙策手上拿到传国玉玺，以为传国玉玺就是皇帝的象征，以为自己就是皇帝了，就早早称帝，结果导致各路诸侯共同讨伐。袁术由于缺乏对当时时代格局的认知和判断，当时大家都要维护汉献帝，都要打着汉献帝的旗号来为自己贴金，都不敢出头，但袁术就是不信，结果成了三国时期死得比较早的一个诸侯。视野决定了格局，格局产生了新的视野，要产生大格局，我们就必须见多识广，要产生大格局，要兼容并包，要扩大视野。

（2）大经历产生大格局。

大的经历也能产生大格局，一个人的经历越多，感受的东西也就越多，经验也就越多。企业在发展过程中，肯定会遇到各种各样的事情，每一次都是格局经验的累计和叠加。刘备之所以能够称王，在某种程度上，也在于它经历了其他诸侯没有过的经历，跟刘焉干过、跟卢植干过、跟董卓干过、跟朱儁干过、跟公孙瓒干过、跟陶谦干过、跟吕布干过、跟袁绍干过、跟曹操干过、跟刘辟干过、跟刘表干过、跟刘璋干过，积累了丰富的经验，掌握了竞争对手的核心机密。

（3）大环境产生大格局。

人离不开环境，不同的环境造就不同的人事，不同的环境产生不同的格局。从大的方面说，时代就是大环境，每个时代都是一个既分离又相连的大环境，分离是因为每个时代都有自己的主旋律，相连是因为时代有自己的连续性。人脱离不了大环境，人也脱离不了大时代，凡是产生大格局的人都是和大环境相融，和大时代相拥。三国时代，诸侯格局，群雄并起，战乱不断，那些放眼全国大环境的人最终成了最后的赢家，如刘备、曹操、孙权；那些放眼区域环境的人最终成了地方诸侯，如张绣、张邈、公孙瓒、陶谦、刘璋、刘表之流；那些放眼一家一地小环境的人不为人知。

环境造就人，小到一个家庭环境，某种程度上也决定了这个人未来的格局和视野。我们都知道孟母三迁的故事：孟子小时候很贪玩，模仿性很强。他家原来住在坟地附近，他常常玩筑坟墓或学别人哭拜的游戏。母亲认为这样不好，就把家搬到集市附近，孟子又模仿别人做生意和杀猪的游戏。孟母认为这个环境也不好，就把家搬到学堂旁边。孟子就跟着学生们学习礼节和知识。孟母认为这才是孩子应该学习的，心里很高兴，就不再搬家了。企业也一样，如果企业营造良好的环境，企业里的人就会充满正能量；如果一个企业急功近利、不择手段，企业里也会出现这样的人。什么叫大环境，什么叫小环境？其实，根本上在于环境中本身的能力，小环境中也能产生大能量，小环境也就是大环境。大环境中如果产生小能量，也就是小环境。环境改变人，环境塑造人，环境成就人，要有大格局，大环境决定格局，大格局产生新环境。

（4）大智慧产生大格局。

有智慧的人不一定有格局，但有格局的人一定有智慧，格局本身就是对智慧的一种应用。智慧更精细，格局更宏大，格局源于智慧。从书本上、生活中感悟出来的才是智慧，也许别人说一句很有智慧的话，但对于我们自己来说，还不是智慧，我们能从中感受出来、体味出来、运用出来，方能成为我们的智慧。就像本书说的将帅之道一样，是说不清楚、讲不明白的，在于每个人的体验、感受、感悟，甚至自己悟出来了，也是说不清楚的、讲不明白的，那些说不清楚的、讲不明白的，就是我们要追求的智慧。而这种智慧会在我们日常的一言一行中不经意地流露、展现，在别人看来，这就是智慧。

智慧对于格局来说，更像是神，而格局是智慧形成的一种表现方式。要成为一个有智慧的人，首先要学习，学习是智慧的底座，学习是智慧的门槛，只有不断地向书本学习、向前人学习、向优秀的人学习、向市场学习、向同行学习、向竞争学习、向智慧学习、向生活学习、向自然学习，我们才可能汇集智慧的水滴，智慧就是海洋，而学习就是水滴。今天，很多人忘记了学习，在我看来，学习能力已经成为生存能力，升华能力成为我们的竞争能力。也就是说，如果我们不学习，生存会受到挑战，而对学习的升华，是我们的竞争能力、优势能力。

如果人一生只有一件事要做，我认为就是学习。在南方略咨询文化中，第一句就是："学习能力是第一能力，学习能力是核心能力。"我们之所以依靠知识向企业提供咨询服务，在于我们能够向企业学习、向客户学习、向专家学习。客户叫我们老师，实际上客户才是我们的老师，每服务一个客户都有宝贵的经验，都让我们看到别样的风光。我时常说，一本书看一遍不如不看，是浪费时间，因为读一遍不会有深度了解、没有深度认识、没有深度感悟。一本好书要多看几遍，每年我会选一本喜欢的书反复看，最多的超过 20 遍。当然，这是我的学习方法，不一定适合为帅之人，更适合为将之人，这种学习方法能够把一个领域搞懂。为帅之人的学习方法应该有所不同，就是观其大略，不求甚解，意思是大概看一下，了解主要的脉络和思想，不追求细节就可以了。

（5）大胸怀产生大格局。

有一句话："比大地更宽广的是海洋，比海洋更宽广的是天空，比天空更宽广是人的胸怀。"胸怀就是格局的边界，有多大的胸怀就有多大的格局，胸怀又不是格局的边界，格局有比胸怀更高的高度。人的心胸越开阔，自己过得越开心，人的心胸越开阔，朋友就越多，道路就越宽，"大肚能容，容天下难容之事"。什么话都能听，什么事都能忍，什么人都能交。

诸葛亮三气周瑜，把周瑜气死了，周瑜见不得诸葛亮比自己厉害，结果被气死。当然，历史中真正的周瑜其实胸怀是很大的，诸葛亮是气不死周瑜的。但是，这个故事告诉我们，一个胸怀不大的人，即使厉害，过得也是很难受的。《三国演义》中，还有一个更厉害的就是王郎，王郎被诸葛亮骂死了。诸葛亮在两军阵前，活生生地把王郎从马上骂死了。在这一点上，诸葛亮也是三国最牛的，能把人气死、骂死。曹操的胸怀其实很宽广，"东临碣石，以观沧海""日月之行，若出其中。

星汉灿烂，若出其里”“人生几何，对酒当歌”，这是何等的胸怀与气场，这是何等的格局与格调。

（6）大追求产生大格局。

有大追求本身就是一种格局，大的追求把我们的目标拉远，把我们的视野拔高，把我们的格局放大。汪国真有一句诗：要输就输给追求，要嫁就嫁给幸福。苏格拉底和拉克苏相约，到很远的地方去游览一座大山，据说那里风景如画，人们到了那里，会有飘飘欲仙的感觉。许多年以后，两人相遇了。他们都发现，那座山太遥远，他们就是走一辈子也不可能到达那个令人神往的地方。拉克苏颓丧地说：“我竭尽全力奔跑过去，结果什么都不能看到，真叫人伤心！”苏格拉底掸了掸长袍上的灰尘说：“这一路有许许多多美妙的风景，难道你都没有注意到?”拉克苏一脸的尴尬神色：“我只顾朝着遥远的目标奔跑，哪有心思欣赏沿途的风景啊！”“那就太遗憾了。”苏格拉底说，“当我们追求一个遥远的目标时，切莫忘记，旅途处处有美景！”追求的过程，本身就是格局产生的过程。路上的美景，难道不是我们的格局?

很多获得成功的人，不会受到周围糟糕环境的影响，他们内心深处永远都会有一件值得沉迷和付出的事情，这就是追求。追求是生命的动力，追求是奋进的风帆，追求是荒漠中的那一抹绿色，追求是黑暗中闪亮的灯塔，引领着我们在人生的道路上不断前进。有一句话是这样说的：“也许你不是最好的，但是你可以更好。”人的一生，需要不断地追求，在追求过程中，可能要付出别人无法体会的艰辛，当别人享受生活的时候你却要为明天而奔走；在追求过程时，可能你忘记了自己的初衷，迷失了自我；在追求的过程中，可能你伤痕累累，最后却一无所获……但是这些都不重要，重要的是你坚守了自己的梦想，为了追梦默默承受着困难和挫折，这些挫折和困难让人们在感悟、发展和思索中成长，让我们懂得怎样做出更加正确和明智的选择。不管结果如何，追求本身就是一种欢乐、幸福，因为追求曾让你真心地付出、时刻地奋斗，它带给人们生存的意义。当我们在乎的是追求的过程时，那么曾经经历过的伤痛，便会如同流水一般慢慢流走，了然无痕；而对于追求的结果，不管成败，都可以坦然面对。

14.2　将要顾全大局

为将之人要顾全大局，为将各担其责、各负一块，有的负责生产、有的负责研发、有的负责营销、有的负责财务，各个板块都有其利益，各个部门都需要其他部门的配合与协作，公司利益是员工利益、部门利益的基础，员工利益、部门利益是公司利益的组成部分，它们之间相辅相成。当部门利益、员工利益与公司利益发生矛盾的时候，千万不能置个人利益、部门利益于公司利益之上，必须主动服从公司利益。

在实际工作中，很容易各自为政，出现本位主义现象，相互之间配合协调难，可能只站在自己的立场和角度看问题，从而导致为了部门利益而不顾全其他部门的工作。企业本身是一个系统、组织，个人利益服从集团利益，部门利益服从组织利益，任何一个部门的工作都可能给全局带来影响。每个部门既要着眼于本职工作、本部门的工作，又要将自己部门的工作放在整个组织的角度考虑，本部门的工作就是组织工作的一部分，自己部门的工作做好了不叫好，组织系统的工作整体表现好了才叫好。

什么是大局？大局就是整个局面和整个形势及由此带来的长远利益的走势。大局意识，就是善于从全局高度、用长远眼光观察形势、分析问题，善于围绕企业的大事认识和把握大局，自觉在顾全大局的前提下做好本职工作。必须牢固树立高度自觉的大局意识，自觉从大局看问题，把工作放到大局中思考、定位、摆布，做到正确认识大局、自觉服从大局、坚决维护大局。

然而，在实际工作中，很多部门的领导看问题、想问题、解决问题不能站在全局、大局的高度，而是凭借个人喜好或只听个别人的“指挥”，不能自觉地与企业保持步调一致。更有甚者，过分强调个人利益，损害企业利益，成为阻碍企业发展的障碍。企业的部门负责人必须正确认识大局，全面把握大局，自觉服从大局，坚决维护大局，正确处理局部与全局、个人与整体、当前与长远的利益关系，始终将思想和行动统一到企业对形势的分析判断和总体部署上来。

第二次合肥大战，孙权进攻合肥，孙权号称十万人，曹军只有七千人。当时的合肥守将有张辽、李典、乐进等，曹操正在进攻张鲁，没有援军可以支持，给了合肥守军一个作战方针，三个将领有矛盾，张辽担心大家不配合、不支持。乐进说："大敌当前，为将当全力以赴，不能因个人恩怨而不顾大局。"大家积极配合、相互支持，最终以少胜多、以弱胜强，打赢了这场历史上著名的战争。

蔺相如因为"完璧归赵"有功而被封为上卿，位在廉颇之上。廉颇很不服气，扬言要当面羞辱蔺相如。蔺相如得知后，尽量回避、容让，不与廉颇发生正面冲突。蔺相如的门客以为他畏惧廉颇，然而蔺相如说："秦国不敢侵略我们赵国，是因为有我和廉将军。我对廉将军容忍、退让，是把国家的危难放在前面，把个人的私仇放在后面啊！"这话被廉颇听到，就有了廉颇"负荆请罪"的故事。

一个能站在大局的立场考虑问题、维护领导权威的人，会得到领导的信任和感激，也会使自己在未来获得回报。舍得是一种人生态度，人不到一定境界，难以理解舍得的真正含义。舍得并不是单纯的放弃，它在于更高层次的获得，这种获得则在自己的未来或者全局利益得以保全之后。职场中人，如果真正明白自己的位置和责任，就会知道什么是该得的，什么是委屈、忍耐的，什么时候是必须让步的……这种站在责任角度上的取舍，就是在自我和大局之间做选择的过程。这个涉及自我的个性、喜恶、经济得失甚至名誉等，而大局涉及整体团队的运作。

当大局利益与自我利益发生冲突时，如果以自我为重，放弃大局的利益，那么很可能造成整个局面混乱，使很多人的利益受损，最终危及自身。如果能舍弃一点小我、保全整体利益，在整体运作良好的同时，我们也会得到相应的补偿和回报。维护大局利益有很多种，维护领导的权威就是其中之一。维护领导权威，让领导能够有效地行使职权，就能保持良好的执行力，促进工作，保证公司正常运作。公司运作正常了，我们得到的工资、福利自然就多了起来。另外，维护领导权威短期看可能影响利益，但长远来看能让我们升值。为什么？因为当领导知道我们是懂得顾全大局的人时，就会相信我们不会做出有损公司利益的事；当领导知道我们为公司舍弃了什么时，出于感激和补偿心理，他会在升职加薪问题上考虑我们。

一天，秘书科的李经理正在办公室里批阅文件，一位退休工人怒气冲冲地跑来说要找总经理。李秘书抬头一看，原来是向来爱提意见的张工。张工退休两年了，依然关心公司，时不时地跑来反映问题，李经理每次都热情地招待他。看到张工脸色难看，李经理一边安抚一边招待他喝茶，而后敲开了总经理的门，请示总经理如何处理此事。总经理忙于公司里的业务，不想见张工，于是头也不抬地对李经理说："告诉他我不在！"李经理回到办公室对张工说："总经理不在办公室，你先回去吧，有什么事我转告他。"张工没办法，只好悻悻地离开了秘书科。一个小时后，李经理起身去厕所，没想到在厕所门口遇见总经理正和张工握手寒暄，张工还对总经理说："刚才小李说你不在办公室。"总经理丝毫没有犹豫地说："哪里，我一直都在。"李经理听了心里不舒服，但他没有说什么。

原来，张工离开秘书科后并没有回家，而是很不甘心地在办公室的走廊里，刚好和总经理在厕所门口碰见了。张工赶忙上前跟总经理打招呼，总经理只好和他聊了起来。事后，张工对李经理很不满意，逢人就说李经理做人不厚道、欺上瞒下，没资格当经理。李经理有口难辩，开始时觉得很委屈，但后来一想，领导这样做也很无奈，难道让领导说“是我不想见你”？自己是秘书，应该维护领导的形象，否则很容易使领导失去威望，难以管理下属。所以，他从不对别人解释此事，听到别人的议论也一笑置之。总经理看到李经理受了这样的委屈，还努力维护自己的形象，对他更加信任了。他认为李经理是能屈能伸的人，这样的人一定可以独当一面。后来公司选拔副总，总经理第一个想到了李经理，他们一起工作多年、配合默契，而且他能以大局为重，是可造之材。于是，总经理提拔了李经理，李经理顺利当选。作为下属，维护领导形象、帮助领导树立威望，是下属必须具备的素质。李经理能够按照领导的意思处理此事无可厚非，尤其是在遭到他人误会的时候，能够从大局出发、不计个人得失、维护领导形象，才使得领导保全了名誉和威望，维护了干群关系。他也因此得到了领导的赏识，荣升为副总。

一个能站在大局的立场上考虑问题、维护领导权威的人，会得到领导的信任和感激，也会使自己在未来获得回报。维护领导权威只是顾全大局的一种表现，顾全大局还涉及很多内容。比如公司发放福利时，数量缺失或不足量的一份被自己赶上，我们要不要计较；客户与我们发生争执时，我们要不要妥协；上司被他的上司责备，把责任推给我们，我们要不要忍耐等，都需要我们整体衡量之后再做决定。一个人不管能力有多强，如果只考虑自己的私利而不顾及团体的利益，不仅会使团体蒙受损失，还会让自己不受欢迎，最终遭受损失的还是自己。

大局意识是领导干部必备的基本素质，也是衡量干部工作能力的重要依据。领导干部工作能力强不强，首先要看是否具备大局意识。当前部分领导干部还存在不良行为，就是过分强调本部门和分管领域利益，对局部利益的重视程度超过了全局利益，轻则损害其他部门的利益，重则损害企业的利益。大局观是团结企业员工战胜问题、克服困难和推进工作的有效方式。

要正确认识大局。大局既带有根本性、决定性和方向性的特征，又是不断发展变化的。从企业发展的过程中，新情况、新问题层出不穷，企业面临着机遇与挑战同在、发展与风险并存的严峻形势。首先，要保持头脑清醒，从战略高度分析和认清企业发展的总趋势，关注员工思想动态，把握事物发展的关键问题。其次，要自觉服从大局。一方面，要自觉遵守公司的各项规章制度。要有企业的高压线和基本底线，不能搞“你有政策我有对策”，或以种种借口脱离大局。另一方面，在涉及局部与全局、个人与整体、当前与长远的利益时做出正确选择，始终以企业的根本利益为重。从一定意义上说，大局意识能够把握现在、透视未来，做到不因局势纷繁复杂而迷失，不以局部小胜小负而动心，不为损失眼前利益而纠结，能够跳出一时一事、一地一己的局限，正确处理局部与全局、个人与整体、当前与长远的利益关系。最后，要坚决维护大局。仅仅认识大局、服从大局是不够的，还必须坚决维护大局。每个人在自己的岗位上都是主角。企业好，大家才会好。因此，维护企业大局，既是管理的重要目标，也是为将之人的权利和义务。大局意识自古以来是为将之本，成事之要，不论何人、何时、何地，大局意识均不会过时。

15. 胜负之别

将帅胜负之别如表 2－15 所示。

表 2－15　将帅胜负之别

胜负之别	帅	将
	败仗	胜仗

15.1　帅要能打败仗

帅之所以为帅，不是在于能够打胜仗，而是在于能够打败仗。一是要有打败仗的准备；二是敢于面对打败仗，越挫越勇，从失败中总结经验，从失败中总结教训，从失败中找到成功的方向与方法；三是具备打败仗的资金实力，即使打了败仗，还有本钱和资本东山再起，不至于一败涂地。

刘备、曹操、孙权之所以能够最后问鼎三国，最重要的就是具有能够打败仗的能力，而其他诸侯最终灭绝，就是在于这些诸侯缺乏打败仗的能力与资本。刘备一生都在打败仗，被吕布所败、被袁术所败、被曹操所败、被孙权所败，但每一次败后都还有一点家底，每一次败后都还能继续找到一个落脚点，每一次败后都能够让兄弟们继续跟着走下去。曹操也是善于打败仗的，宛城被张绣所败，败得妻离子散，败得颜面扫地；赤壁被孙权打败，败得一塌糊涂，败得丢盔弃甲，败得三分天下。孙权也善于打败仗，合肥之战，十万之众被张辽七千人所败，差点被张辽活捉，险些丢了性命。

能打败仗方能打胜仗，曹操经常说："胜败乃兵家常事。"特别是在赤壁之战损兵折将后，将士们痛哭流涕，大将许诸三千军士只剩下他和马夫，许诸在帐前号啕大哭，曹操走出来说："堂堂男儿、铿铿虎将，流血不流泪，胜败乃兵家常事。许诸，去击鼓升帐，没听见我说的话吗？"许诸："我的三千兵士都死光了，我对不住他们，我对不住丞相啊。"

曹操："你不是还活着吗？你活着，我做梦都能够笑醒过来，死三千兵士算什么，我再给你三万兵士，笑一笑，擂鼓去。让我自个去吗？将者，如同医者；医者，医过的人越多，医术就越高，换句话说，就是医死的人越多，医术越高明；将者，如果不经历几次败仗，如何能够知道怎么打胜仗，这个世上从来就没有百战百胜的将军，只有败而不怠、败而益勇，并且最终取得胜利的人，我们八十三万大军挥师南下，却败于孙、刘五六万人，为何？我看最根本的原因是这些年我们胜仗打得太多，兵骄将怠、文恬武骄、轻敌自负，尤其是我，居然连一个小小的苦肉计都不能识破，致使东吴火攻得手。由此看来，我们是到了该吃一个败仗的时候了，失败是好事，失败教会我们如何成功，失败能够教会我们如何取胜，失败教会我们如何取得天下。一个人要拿得起、放得下，打仗也是如此，要胜得起，更要败得起。我们虽受赤壁重创，但是我们的根基基本未伤，天下州郡我们仍然掌握青、幽、并、冀四个州，我们的城池、兵马、子民、赋税仍然数倍于孙权、刘备，朝廷仍然在许昌，仍然在我们手中。反观孙权、刘备，为难的时候他们会抱成一团、同仇敌忾，一旦取胜，他们就会明争暗斗、尔虞我诈。要是周瑜和诸葛亮同心同德，乌林道我们怎么可能突出重围，孙刘之辈，先前如此，日后会更甚。总之，他们早晚会分裂、早晚必败。”

曹操的这段话非常精彩，把一个为帅之人面对失败后刻画得淋漓尽致，能够争取认识失败、能够鼓舞士气、能够总结失败、能够面向未来。为帅要敢于打败仗，帅之霸业不仅是依靠无数胜仗组成的，更重要的是依靠无数败仗构成的，没有失败，就没有成功。在企业中，很多为帅之人不能打败仗，不敢打败仗。一是打了败仗，把责任推给员工，缺乏主动承担责任的意识；二是缺乏打败仗的心理准备，败不起，输不起；三是缺乏打败仗的资本，一败就涂地，一败就不起。任正非就是一个敢于打败仗的帅，2017 年 2 月 15 日，任正非在尼泊尔代表处讲话：“你们的一个历史项目概算亏损，从大前年亏损 2. 7 亿美元，到前年亏损 3000 万美元，到去年盈利 2140 万美元。巴西代表处也经历了磨难，终于走向了成功之路，他们说再过两三年能把前20年的亏损全补回来，我认为5年能做平就不错了，我就很高兴。巴西的亏损也有我们盲目领导的责任，不能全怪员工，你们真伟大，从泥坑里爬出来，都是圣人，我也向全球在努力扭转亏损的弟兄们致敬。”

15.2　将要能打胜仗

“胜败乃兵家常事。”这句话只能帅说出来，将是不能说出来的，一旦将说出来就变了味，有自我安慰、自我推卸的嫌疑。自古战场无亚军，文无第一，武无第二，战场打不赢，一切等于零。将要能打胜仗，要研究打胜仗的方法。刘伯承说过：“打了胜仗，才取得百分之五十的胜利，只有认真地总结出每一次战斗中的得与失，才算是取得了百分之百的胜利。”将要打胜仗，必须做“有理念、有本事、有血性、有品质”的四有大将。

有理念，能够与时俱进，在互联网时代，必须要有互联网时代的思维，不能停留在农业时代的思考模式，要跟随公司的战略思想，要让公司的战略落到实处，工作中有战略的痕迹、战略的影子、战略的举措。

有本事，就是要有真功夫、真本事，不是歪本事、假本事、虚本事，要不断学习、精益求精，要当技术先锋、营销冠军。做财务的要精数据，做研发的要精创新，做生产的要精工艺，做营销的要精客户，每个人都要有自己的看家本领，每个人都应该要有自己的绝活儿，能够面对和解决工作中的困难问题、复杂问题、新问题。

有血性，要敢冲，要敢上，敢于站在前面，敢于到市场一线，不能在办公室里运筹帷幄，一线才是最好的办公室，市场才是最好的战场。

有品质，要有正能量，品质是为将的基本要素。一个好的将领，品质不好，技术能力再好，也得不到员工的支持和拥护。在企业中，我们可以看到很多为将之人，自己不以身作则，却处处严格要求别人，这种将是带不好团队的，是管不好一支队伍的，更是不能打胜仗的。

三、将帅之道

1. 将帅之道，用心与用脑

1.1 心道、脑道

小事动情；
大事动心；
难事动脑；
事不是事；
动才是事。

脑要善于分析，心是智慧的源泉，体要身强力壮。绝大部分人有了知识没有心力，有了心力没有知识，都有了，但是体力很差。人的脑力是靠学习和思考得来的，心力其实就是有多大的抗击打能力，心力是历经多少的酸甜苦辣、挫折和失败才能散发出来。我们看到柳传志非常坦荡，我相信坦荡背后一定有万重的苦难。最后是体力，每个人都想做百年企业，但是没有人能活一百年。柳传志找到杨元庆、郭为、朱立南等了不起的接班人。因为只有这些年轻人才能让企业持续走下去。很多人有脑力，但是心太小，成不了大事；有的人心很大，脑子不行，也成不了大事；有的人脑和心都很大，体力很差，也成不了大事。

将是人，帅也是人，将帅都是人，将帅之道，其实就是人道，人道就是王道，人道就是将帅之道。要成将帅之道，实际上就是要成人之道，什么是人道呢？我们到一个公司去拜访客户，在公司大门口，保安通常会问我们三个问题：你叫什么？你从哪里来？你到哪里去。三个简单而又普通的问题，却道出了人生的真谛、人生的价值。人体是一个复杂的多层次矛盾统一体，它是由细胞、组织、器官、系统等不同层次的要素有机结合、相互联系所形成的一个自组织系统，包括细胞与细胞之间的联系、组织与组织之间的联系、器官与器官之间的联系、系统与系统之间的联系。细胞与细胞之间的联系形成组织，组织与组织之间的联系形成器官，器官与器官之间的联系形成系统，系统与系统之间的联系形成人体。

但人是靠什么与外界发生联系的呢？是什么主宰了个体，又是什么主宰了个体与个体之间的联系呢？我们如何评价自己？如何评价一个人？如何使自己对外界产生关联呢？我们经常会判断一个人怎么样，而这个怎么样又是判断什么的呢？我们只有了解和研究了人自身，以及人与人之间发生桥梁的关键点，才能处理好自己与自己的关系、处理好自己与别人的关系，才能处理好将帅之间的关系。我们一般对人的认识大概分为两步：

在初次接触过程留下第一印象，而这个第一印象更多的是一些外在印象：长得怎么样、穿得怎么样、说得怎么样，这种第一印象重要也不重要。重要的是很多人会根据第一印象作为判断这个人的基础；不重要是因为很多第一印象都是不真实的，甚至是设计的、装出来的，本来的他不是第一印象的他。真正要做出一些判断，而是在后续的多次交往和接触中，我们会建立起对这个人的整体判断和评价，而这个整体判断和评价是超越了他的外貌和语言，更多的是行为和方式，而这些行为和方式的背后是这个人的心里和脑里对外展现出来的一种方式。

我们对一个人的判断和评价其实是对这个人心和脑的判断和评价，每一种行为都是心和脑的放射，每一种行为都是心和脑对外的一次交流，每一种行为都是心和脑的一次博弈。人与人之间的联系其实就是心和脑之间的联系，与其说是对人的评价，不如说是对心和脑的评价，我们要了解自己、了解别人，要成将帅之道，就必须了解心和脑的运动规律。只要了解了心和脑的运动规律，我们就能明白有些人为什么火冒三丈、有些人为什么稳如泰山、有些人为什么暴躁、有些人为什么冷漠，了解这些规律，就能理解过去很多不理解的事情，能够容忍过去不能容忍的事情，能够让自己内外更和谐。

人 = 心 + 脑

孙策被许贡的门客所杀，孙权悲痛不已、痛哭不已、难受不已，完全被失去大哥的痛苦笼罩。这时，谋士张纮谏曰："现在不是悲伤的时候，我们应该马上面对各种大事的安排，该你接班了。”孙权擦干眼泪，开始部署各项工作。孙权能够从悲痛中走出来，在于能够从心里走出来、从情绪中走出来。如果沉浸在心中，他只能更悲伤、更痛苦，无法通过痛苦和悲伤解决大哥走后的各种事情。

心是什么？首先来看心这个字是怎么写的，心是一个人字加两点。什么是心，心是人类的两滴眼泪，我们经常说心里很难受、心里很激动、心里很冲动，心里很舒服、心里很别扭、心里很在意、心里控制不住了，但很少说，脑很难受、脑很激动、脑很冲动、脑很别扭……我们会发现，难受、激动、冲动、兴奋、痛苦、悲伤、忧郁等都是从心里产生的，脑不产生这些东西。心好像化学剂，很容易产生化学反应，一会儿开心、一会儿悲伤、一会儿平静、一会儿激动，甚至我们能够感受到发生化学反应的砰砰声，变化快、反应快、刺激快。心是人类的情绪发动机，心是感性的加油站，我们的喜怒哀乐、爱恨情仇、悲欢离合等一系列情绪性的东西都是被心主宰的、掌控的、管理的。

心是有弹性的，你对它好，它就对你好；心是变化的，今天心情很好，明天心情可能不好；心也是有力量的，开始很强，慢慢变弱；心是天使，心更是魔鬼。也就是说，被心主宰的人生是悲欢离合的人生，是喜怒哀乐的人生，是爱恨情仇的人生，是不堪入目的人生。我们之所以冲动，之所以兴奋，之所以悲伤，是因为心控制了我们的整个身体。

心不产生方法，心本身不解决问题。心从来只有情绪，心从来就没有办法，我们是无法依靠心来想出办法的。大家回忆一下，日常处理各种工作、解决各种问题，我们的方法实际上是从来没有从心这个地方想出的。

我们经常会说“用心工作”“用心想办法”，那么真的能够用心工作吗？心真的能够想办法吗？各种各样的办法都是依靠脑产生的，但心和办法之间的关系又是什么呢？我们说过：“心从来没有想过办法，心只能为工作提供一种状态、提供一种氛围、提供一种场景。”心只能为我们想办法提供一种环境，是说我们在工作的时候，不要让自己一会儿笑、一会儿哭、一会儿开心，要给工作和办法提供一种状态、一种环境，而这种环境、这种状态本身并不产生工作的方法与方式。

（1）**心是一团化学剂。**

在这里要特别说明的是，心是一触即发的、一点就着的、一碰就动的，心的速度可以说是超过光速的，甚至比光速还快，很多时候，我们根本就无法控制。心就是一种本能反应，我们为什么会在大街上看到两个人吵架，完全置自己个人形象不顾、完全置周围环境不顾，不怕丢人、不怕现眼，这完全是心的交流、心的触发、心的大战。你碰了我一下，条件性反射一样：“你干吗”，根本不用思考，直接对抗；在开车路上，前面一辆车影响了你的正常行驶，骂人的话脱口而出，这些都是心的行为方式展现。有一句话叫：“读了很多书，明白了很多道理，还是过不好人生。”说的就是这件事，心好像是一个不受控制的野马，在我们的身体里乱撞，又好像是无数个伸出长长火线的地雷，随时可能点燃。这也是为什么世界管理大师稻盛和夫在讲经营哲学的时候，讲的更多的是心法，而不是方法。在稻盛和夫的《活法》这本经典经营之道中，80%以上的内容都讲心的修行、心的历练、心的成长。

（2）脑是一个工具箱。

脑又是什么东西呢？我们再来看一下脑这个字怎么写，脑字是月字旁加一个盖头加一个凶字。月，岁月、时间；盖头，掩盖、遮盖；凶，凶器、利器。脑，乃岁月掩盖的凶器，凶器是什么，凶器是工具，凶器是解决办法的。脑是很硬的，脑是很强大，脑是有杀伤力的。脑与心相比，心，人类的两滴眼泪；脑，岁月掩盖的凶器。相比凶器，两滴眼泪显得多么无力和矫情，脑是解决办法、解决问题的凶器，而心不过是问题的两滴眼泪。脑与心不一样，脑是坚硬的，心是柔软的，一就是一，二就是二；脑是直接的，有办法就是有办法，没有办法就是没有办法。心是可以全力的，脑是不完全的，人类的脑利用率不到10%，还有巨大的空间和潜力可挖。脑从来没有痛苦过，心才会痛苦；脑只会没有办法，只会感到疲劳。心是软件，脑是硬件，人是系统，心脑合一，构成了一个完整的人。心的速度很快，一碰就反应，脑的速度相对较慢，甚至不反应，人们为什么会走神，是因为脑不反应了。

人脑一般分为左脑和右脑，在这里需要科普一些左右脑的功能，两者之间的分工又各有不同。左半脑主要负责逻辑理解、记忆、时间、语言、判断、排列、分类、分析、书写、推理、抑制、五感（视觉、听觉、嗅觉、触觉、味觉）等，思维方式具有连续性、延续性和分析性。因此，左脑可以称作“意识脑”“学术脑”“语言脑”。右半脑主要负责空间形象记忆、直觉、情感、身体协调、视知觉、美术、音乐节奏、想象、灵感、顿悟等，思维方式具有无序性、跳跃性、直觉性等。斯佩里认为右脑具有图像化机能，如企划力、创造力、想象力；与宇宙共振共鸣机能，如第六感、透视力、直觉力、灵感、梦境等；超高速自动演算机能，如心算、数学；超高速大量记忆，如速读、记忆力。右脑像万能博士，善于找出多种解决问题的办法，许多高级思维功能取决于右脑。把右脑潜力充分挖掘出来，才能表现出人类无穷的创造才能。所以，右脑又称作“本能脑”“潜意识脑”“创造脑”“音乐脑”“艺术脑”。人的左脑主要从事逻辑思维，右脑主要从事形象思维，是创造力的源泉，是艺术和经验学习的中枢，深入挖掘左右两半球的智能区非常重要，而大脑潜能的开发重在右脑的开发。

左脑是人的“本生脑”，记载着人出生以来的知识，管理的是近期的和即时的信息；右脑则是人的“祖先脑”，储存从古至今人类进化过程中的遗传因子的全部信息。很多本人没有经历的事情，一接触就能熟练掌握就是这个道理。右脑是潜能激发区，右脑会突然在人类的精神生活的深层露出迹象；右脑是创造力爆发区，右脑不但有神奇的记忆能力又有高速信息处理能力，右脑发达的人会突然爆发出一种幻想、一项创新、一项发明等。右脑是低耗高效工作区，右脑不需要很多能量就可以高速计算复杂的数学题，高速记忆、高质量记忆，具有过目不忘的本领，人的大量情绪行为也被右脑所控制。脑就像一个工具箱，里面装满了各种解决问题的工具，脑是理性的、理智的，脑讲方法论。在实际工作中的能力从本质上来说是脑的能力，心力可能是一样的，但脑力之间的差距是巨大的，我们时常会说这个人怎么不用脑，这个人怎么不用心，其实，两者之间是有差别的。用脑是说有没有方法，用心是说有没有状态，有状态不一定有方法，有方法不一定有状态。我们发现，有些人没怎么投入，工作也做好了，干得很轻松，这是因为他的方法很多，而全力用心的人未必能够掌握好的方法。

我们也听说过一句话："这个人头脑发热。"其实，头脑从来没有发热过，头脑只是一个工具箱，发热的是心。从心到脑，是人类惊险的一跳，当心覆盖了脑，控制了脑的时候，人不是人，人是本能动物；当脑引导了心，人才为人，这就是我常说的："照顾好心，使用好脑。"不能让心成为人的主宰，而是心营造环境，脑思考办法来主导我们的人生，但是在现实生活、工作中，我们会发现有的人用心做事，有的人用脑做事，有的人用心脑做事，不同的做事方式带来的结果不一样，带给你的影响不一样。将帅之道，本质是人道。人道，本质是心道、脑道、行道，而行道只不过是心道、脑道的反应和映射罢了。所以，我们在带领团队、管理干部的过程中，要善于利用自己的心脑解决问题，更重要的是要善于判断对方是在用心还是在用脑，还是心脑结合在用。

如果一个人能够对对方的心脑使用方式做出判断，很多工作就会变得轻松，很多矛盾就会减少，很多误解就会消除。如果我们不判断自己的心脑使用方式，也不判断对方的心脑使用方式，完全靠人的本能来指挥我们、控制我们，之所以为人，就在于我们能够运用心脑，人之所以为人，就在于能够把心脑组合运用得好。通过这个方式，不断哄自己开心，也能够哄别人开心。人与动物的最大区别在于对事物的反应区别，动物是刺激反应模式，没有经过大脑的思考和判断，一触激发，更多的用了心，我们发现稍微有点脑子的动物，都表现得与人类很接近。而人的反应模式是什么呢？刺激—判断—反应，之所以为人，在于我们有判断这个机制。一旦我们失去判断这个机制，我们的反应就是动物反应，很多时候都表现出了动物反应，伤害自己、伤害别人。很多时候，我们都是心理上的动物，而没有成为运用脑的人。我们说心大了、事小了，实际上不是我们心大了，而是我们用脑了，心用了100%，所以心会疼、心会累，而脑不会疼、脑不会累，脑只用了不到10%。这里不是要大家具体研究心脑的科学，而是要对自己的行为和状态做出是在用心还是在用脑的判断，只有通过对用心和用脑的判断，我们才能找到工作中的办法、找到人际中的方法。

1.2 心脑的九重境界

在工作生活中、在人际交往中，我们实际上就是心脑的互动和双方心脑的打交道，心脑在实际应用中处于九种状态，如图3－1所示。每一层都住着各种不同的妖，每一层都有控制我们的心魔，但每一层又都有方法的明灯、生活的曙光。每一种状态都是一种工作方式、每一种状态都是一种人际方式，不同的状态带来的结果不一样，不同的状态表现出人生的境界也不一样。我们通过不同状态的判断，找出工作最有效的方法，找出人际关系中最有效的方式，找出管理中最有效的方案。同时，更是为将为帅之道中的基本和核心，将帅之道，心道也，脑道也。

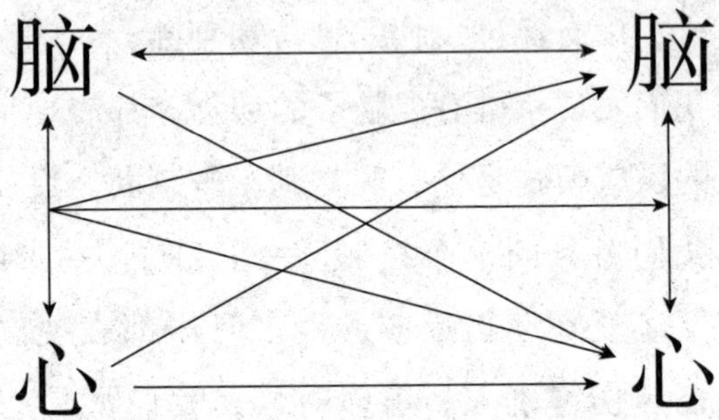

图 3－1　心脑在实际应用中处于九种状态

第一层：自我对话：心与脑，如图 3－2 所示。

图 3－2　自我对话

自我对话，我们也可以称为高端对话，因为说服自己比说服别人要难。很多时候，我们不爽，事情没有办好，往往是因为没有把自己说服。在电影《叶问》中有一段对话，习武之人有三个阶段："见自己、见天地、见众生"。乍一听，讲得很有道理，但仔细思考，发现把顺序颠倒了，应该是："见众生、见天地、见自己"，一个人最难的就是看到自己、看清自己、看懂自己。一个人从生下来开始，其实在很长的一段时间是不看自己，只看众生的，只有到了一定的年龄，发现外界与自己之间有很多不协调、不相融，才开始回过头来看自己。当然，还有很多可悲的人生就是从来没有看过自己，一路狂奔、一路猛闯，搞得自己遍体鳞伤，搞得别人苦不堪言。到底如何看自己？我的长处、我的短处、我的优点、我的缺点，这些都是外在的表现。其实，要真正看清自己、看懂自己，还要看自己的心和脑，我的心是怎么工作的、我的脑是怎么运行的，是我的心控制了脑，还是我的脑引导了心，还是我的心提供了环境，我的脑提供了方法。

自我对话，实际上就是心和脑的对话，用脑去牵引我们的心，用心去营造脑的环境与氛围，特别是在一些情绪性的事件和问题上，我们要判断自己到底是用心在主宰，还是用脑在主宰，还是心脑协同。当我们被心主宰的时候，就成了被心俘虏的生理动物，或得意忘形，或怒发冲冠，或咬牙切齿，或无动于衷。当我们能够用脑来牵引的时候，很多时候，我们会平静很多、淡定很多、潇洒很多。自我对话，就是对自己的行为做出心脑的判断；自我对话，就是让自己内部和谐起来；自我对话，就是说服自己；自我对话，不是东风压倒西方，就是西风压倒东风，不是心控制脑，就是脑牵引心。当我们有这种意识和方法的时候，即使很多时候还是无法控制我们的心魔，我们的心魔往往是本能的，但至少我们能在心魔跳出来后把它收回去，知道自己此时或此前是心所为，而此刻此景要让脑出来，让脑所为，让脑牵引心，让脑想解决办法，靠心从来是没有任何解决办法的。为将为帅，首先要搞定的是自己，搞定了自己才能搞定别人，搞定自己其实就是搞定自己的心和脑。

第二层：金戈铁马：心对心，如图 3－3 所示。

图 3－3　心对心

“用心交流”其实是在“用脑交流”，一次推心置腹的交流都是脑力的碰撞、脑力的激荡，我们说心只是为我们营造一种交流的环境、交流的场景、交流的氛围。“一言不合就开干”“一言不合就开吵”“一言不合就走人”，这才是用心交流，在大街上、家庭中、工作中经常发生的争吵，都是在“用心交流”。这种心与心的交流无疑与动物之间的交流相处方式没有什么区别，你咬我一口，我反咬一口。心与心的交流是最低层次的交流，说变就变，翻脸比翻书还快。

两个用心的人针锋相对是不计后果的，在这个过程中，只要其中一方稍微用一下脑，整个局面可能就会发生改变。一个处于用心状态的人，可以说是“强大”的，因为可能什么都不会顾及。实际上又是最弱小的，因为必须为自己的行为和后果负责，而这种负责是超越自己的能力之外的责，也许就是这一次用心，导致自己直接葬送了自己的人生。三国时的杨修、许攸、祢衡、娄圭之流都是极度聪明的人，但是他们在很多时候用心交流、用心相处、随口而出、随心所欲，最终落得无法挽回的后果。为将为帅之人如果处于用心的状态，处处“用心交流”，看不惯就说、看不惯就发脾气，非但不能很好地解决问题，往往会增加双方的隔阂和矛盾，给公司带来极大的损失，给同事造成极大的伤害。

第三层：以脑治心：脑对心，如图3－4所示。

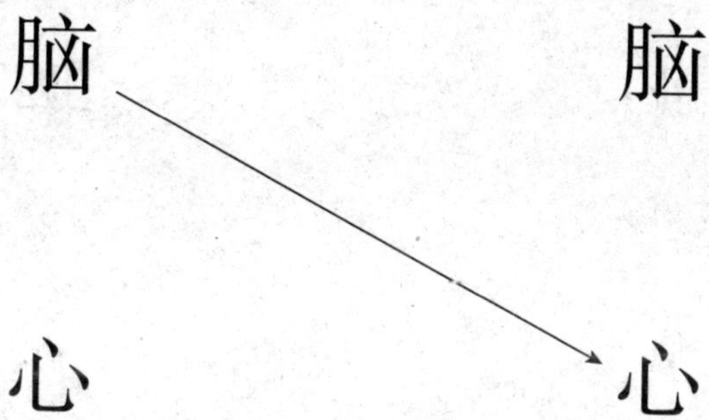

图3－4　脑对心

心最容易激发心，心最容易触动心。比如一个人骂你一句，你想到的是骂他一句；一个人打你一拳，你的第一反应是打对方一拳。他的心激发了你的心，一旦两个心交织在一起的时候，你们都陷入了交流相处的状态。心的激发，可能是本能的、是自动的、是控制不住的，但是一旦激发后，要马上切换频道，对方是用什么方式在和我交流和相处，我是以什么方式在和对方交流和相处。如果处于心的状态，要让自己快速切换到脑的状态。当双方都陷入心的纠缠和交集时，首先要做的就是自我判断，自己是用心还是用脑，如果是用心，要停止用心，快速切换到用脑；然后是判断对方是用心还是用脑，如果是用心，最好不要火上浇油了，不激发心的澎湃。

当然，对于处于两个力量不对等的状态时，用心的人无论如何用心也是飞蛾扑火、自取灭亡。在一个用脑的人的眼里，用心的人就像是一个脱了衣服的人一样，没有什么可以遮挡的，所有东西都暴露了出来，再也没有什么可以畏惧的。对于这种人，用脑的人要么是选择离开你，要么是选择制服你。

第四层：以卵击石：心对脑，如图 3－5 所示。

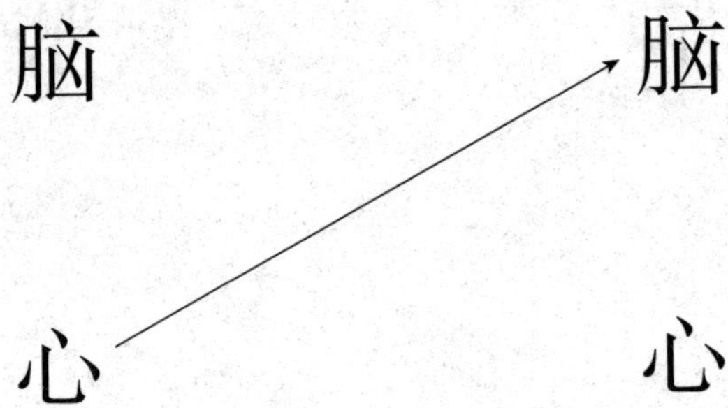

图 3－5　心对脑

反过来说，以心对脑，无疑是以卵击石，如果你激动得不行，对方还很冷静地看着你，你就要小心了。因为你在用心，对方在用脑，你在发泄情绪，对方在想办法，或者对方已经有办法了。不和你争的人才是真正敢于和你争的人，如果用脑的人还愿意和你争，说明他还比较在乎你，如果不想和你争了，一个用脑的人基本上也就放弃你了。

许攸看见曹操高头大马进入冀州城，说："阿瞒，如果没有我，你能够进入这个城门吗？"曹操回头一看，笑了笑，走了，结果没过几天，许攸的人头落地了。许攸用心不过脑，自以为是，想说就说，说这话一方面表功，一方面让对方难堪。但是，我们可以看出曹操并没有用心而是用脑了，用脑就是工具，用脑就是凶器，许攸用心送了自己的命了。在职场中，这样的事情时有发生，很多人喜欢在老板面前表功，仿佛公司没有了他就转不了一样，实际上，再傻的老板也不至于不知道下面的人的功劳与苦劳。老板难道不知道谁对公司贡献大，谁对公司没有贡献，还需要你去邀功请赏吗？同样的话，老板说出来对你是奖励，你说出来就是老板的难堪，你不但得不到奖励，反而留下了不好的印象。即使你可能得到奖励，但这个奖励也不是老板想给的那种奖励。还有一种人，处处都要显摆自己是最聪明的，“我说的嘛”“当初我就断定了这个结果”“我开始就这样建议，你还说我”，这些都是用心不过脑子的话，你说过的话，老板都记得的，不需要你显摆。

曹操攻打袁绍，刘备建议刘表攻打曹操后方许都，刘表犹犹豫豫、优柔寡断，结果错失了攻打的良机。刘表对刘备说：“当初该听你的建议就好了，我们就把曹操打败了。”如果刘备用心不过脑地说：“就怪你不听我的，现在后悔来不及了吧。”但是，刘备说：“没事，大哥，我们以后还有机会。”刘备用了常人用脑的方式安慰了表哥，刘备之所以能够在表哥手下苟延残喘，也在于刘备能够用脑。当然，刘备也有用心的时候，表哥请刘备吃饭，刘备席间哭泣，表哥问：“兄弟，好好的怎么哭了？”刘备说：“大哥，我刚才看到我的腿上长了很多肉，过去骑马打仗，腿上都是肌肉，现在一天没事。”表哥听了后不语，此番话又被表哥的妻子蔡夫人听见了，结果这番话引来了杀身之祸，要不是伊籍通风报信和刘备的马的卢给力，估计刘备也死了，五虎上将赵云也保护不了他。以心对脑，无疑是以卵击石，把自己暴露在光天化日下，把自己置身于危险中。为将之人要善于判断自己是用心还是在用脑，也要判断对方是在用心还是在用脑。

第五层：股掌之中：脑心对心，如图 3－6 所示。

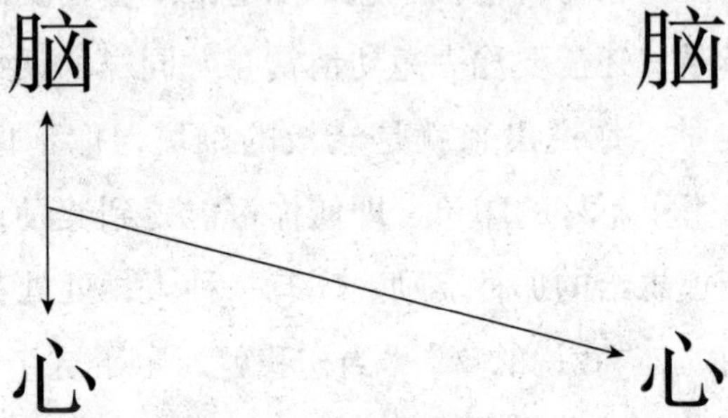

图 3－6　脑心对心

脑心对心之战没有任何悬念，一切尽在掌握中。一个善于把脑心结合起来的人是强大的人。想发脾气就发脾气，不想发脾气就不发脾气，想骂就骂，想打就打，想笑就笑，打骂都在掌握中，打骂都是用脑表现的方式和方法。高兴的时候，用脑来表现方法；不高兴的时候，用心来表现方法。不论是何种表现方式，都是方法的表现，心不过是脑的一个工具和手段。这各种状况下，能够保持冷静的人都是善于用脑又用心的人，当脑心对心的时候，处于心的一方基本上处于完败的状态，不但让自己出丑，还让自己吃亏。因为对于用脑又用心的人看来，用心的人是初级的、低级的，跟自己不是一个级别的，就像九段打一段，没法打。在你用心的时候，他能用心把你压倒，在你用心的时候，他能用脑把你打败。

我们经常说的“输了还要帮人家数钱”就是这种情况，他能用心把你折服，用脑把你收服，在他的眼里，你就像小孩一样，尽管吵得凶、闹得厉害，但是没有力量，他可以吼你，也可以不吼你，可以放纵你，也不可以不放纵你，可以打你，也可以不打你，最后，你还得乖乖听话。其实，曹操就是这样的人，自始至终都是以脑心对抗诸侯众心、以脑心对抗诸将之心、以脑心对抗皇帝之心，不论是讨伐董卓、迎献帝，还是在统一北方的过程中，不管是杀人还是不杀人，不管是爱人还是不爱人，都是脑心的激荡、都是脑心的结晶、都是脑心的智慧，即使在最弱的时候，也能完胜最强的对手。

第六层：冠亚之争：脑心对脑，如图 3－7 所示。

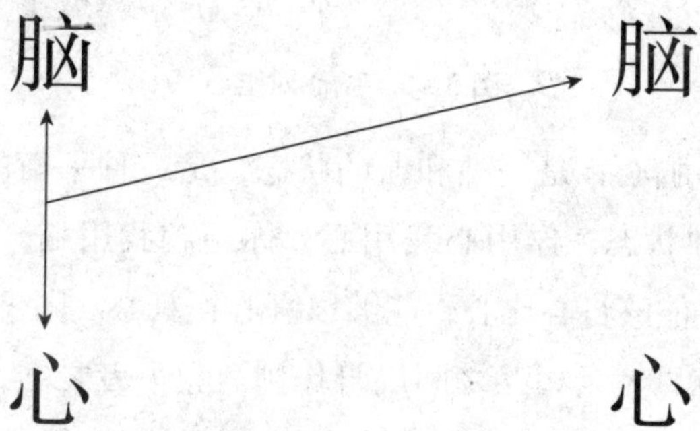

图 3－7　脑心对脑

脑心对脑，两个都是高手，两个都是明白人，脑心不一定能应付得了脑，因为用脑的始终保持清醒状态，用脑的也不一定应付得了用脑心的。因为用脑心的也能让自己的心在掌握中，大家基本上处于同一个级别、同一个水平。如果双方都在想同一件事，都在为共同的目标奋斗，大家都能心领神会，很快达成一致意见。如果大家都在相互争斗，两个人的思考都具有深度，都具有保护意识和进攻意识。比如三国鼎立的时候，曹操、刘备、孙权三家基本上处于同样的水平，相互之间虽然有争斗，但大家在一定时间都能处于相对平衡的状态。即使偶然闪失，也能快速反应过来，不至于一败涂地。

第七层：高手过招：脑心对脑心，如图 3－8 所示。

图 3－8　脑心对脑心

脑心对脑心，是一种和谐的状态，是一种平衡的状态，是最佳的一种状态，你用心我用心，你用脑我用脑，你用心脑，我用心脑。能够将心比心，能够以真心换真心。同事之间相处，如果能换位思考，相互之间以身作则。竞争者之间，大家棋逢对手，将遇良才，能够在战争中学习，能够在战争中成长。

第八层：巅峰对决：脑对脑，如图 3－9 所示。

图 3－9　脑对脑

没有了心，脑又有什么意义呢？没有了心，脑也就缺乏了氛围、缺乏了场景、缺乏了活力、缺乏了滋润。因为心，脑变得有灵气；因为脑，心变得有理智。没有心的世界，是孤独的世界；没有心的世界，是高处不胜寒的世界；没有心的世界，是不食人间烟火的世界。世界因为心而精彩，世界因为心而光明。脑对脑的对话是智慧的交流，脑与脑的对话是大师的对话，脑与脑的对话是超凡的人生，我们在现实生活中很难碰到，他们或现于庙堂之中，或出于江湖之外，他们教我们如何用脑，教我们如何用心。

第九层：烟消云散，如图 3－10 所示。

脑　　　　脑

心　　　　心

图 3－10　烟消云散

脑没了，心没了，烟消云散；

一切归结为自然；

一切归结为尘土；

让它随风去吧！

有一句话：“心里处于什么档次，人生就在什么层次。”被心控制的人生是可怕的人生，被心主宰的世界是不堪的世界。

什么样的性格，决定什么样的命运；

什么样的情绪，决定什么样的状态；

什么样的调频，决定什么样的声音；

什么样的大脑，决定什么样的人生；

没脑的人是动物；

没心的人也是动物；

有心没脑的人还是动物；

有脑没心的人是冷血动物；

用心又用脑，让我们成为人。

照顾好心，使用好脑，心是要被照顾的，心不是拿来使用的，脑是拿来用的，脑不是被心所掌握的。心脑互用，用脑要用心来表达，用心要用脑来澄清，此乃心道、脑道、人道，将帅之道也。

2. 将帅之道，看到、想到、做到

在重庆渣滓洞的墙上有这样一句话："长官看不到、想不到、听不到、做不到的我们要替长官看到、听到、想到、做到。"（如图 3－11）看别人看不到的地方，听别人听不到的声音，想别人想不到的问题，做别人做不到的事情。人无完人，金无足赤。一个人的力量始终是有限的，团队的力量是无穷的，为将，为帅之人，就是一个相互看到、听到、想到和做到的过程。为帅要为将看到、听到、想到、做到，为将要为帅看到、听到、想到、做到。相互之间是一个相互交流、相互支持、相互完善的过程，而不是相互补刀的过程，在实际工作中，经常会发生这两种现象，一是明明看到、听到、想到的事情就是不说，就是要看你出问题，就是要看你笑话，还有一种情况就是不去看、不去听、不去想、不去做。在很多公司，往往知道最后消息的是老板，员工离职了，老板最后知道，产品出质量问题了，老板最后知道。还有就是老板一句话说完，就表示这个工作完全了，不去设想要完成这项工作的条件、资源、人员等，最后就等工作的结果。一旦工作的结果无法实现和达成，老板火冒三丈，这点事情都做不到，还要你们干什么。

图 3－11　渣滓洞墙上的话

2.1　看别人看不到的地方

前面讲过，为帅之人要看的别人看不到的地方就是公司的方向、公司的战略、公司的未来、行业的趋势，这些地方别人为什么看不到？一是各自的职责所在，如果公司的员工都在想公司的未来，谁关注公司的现在；二是为帅所拥有的资源、所掌握的信息、所见识的世界都比其他人充分，更能对公司的方向做出判断。而为将之人要看到的别人看不到的地方就是操作过程的细节，墙角的灰尘也许别人看不到，存在的安全隐患也许别人看不到，产品的细节也许别人看不到，一项工作的关键和核心也许看不到；三是为帅之人都是大的思路和想法，为将之人要看到思路和想法中不完善、不严谨的地方。

2.2 听别人听不到的声音

为将为帅要听别人听不到的声音，听不到的前沿之声，听不到的趋势之声，听不到的消费之声，听不到的产品之声，听不到的知识之声，听不到的大师之声，听不到的宏观之声，听不到的行业之声，听不到的行外之声。为将为帅四处走，四处看，势必能听到更多的公司外的声音，而这些声音决定了公司的视野，决定了大家的见识。公司领导出去听了一堂课，回来要和大家分享，公司领导出去考察了一家企业，回来要和大家讨论，让大家能够感受行业的动态和时代的发展，能够与时俱进。另外，为将为帅还要听的就是公司内部的声音，公司的抱怨声、公司的建议声、员工的需求声，在公司的每一个层级其实都有一个隔音层，每一个隔音层都有为将为帅听不到的声音，甚至有时是无声胜有声。有些事情也许大家都没有说出来，但是为帅为将要善于听取听不到的声音，不要等到声音到处散播的时候，也许这时听到的声音是迟来的声音，是没有价值的声音。

2.3 想别人想不到的问题

为将为帅要想别人想不到的问题，大家都在忙于事务工作，有可能没有为将为帅想得全面、系统、深入，要考虑各方面的综合因素。想员工之所不想，急员工之所不急，要帮老板想他想不到的问题，要帮下属想他想不到的问题。特别是在一些新的工作出现的时候，下属往往都会表现，而忽略可能存在的各种问题，这些问题不提前想到，可能会在工作执行过程中突然爆发，给公司带来不可估量的损失。一旦这些问题出现，会给员工带来打击，没有考虑到的问题，我们往往会认为是执行的问题，会很轻易地扣上执行不到位、执行力不强的帽子。在实际工作中，影响执行的并不是执行本身的问题，90%都是对各种问题的预计不到位。曹操之所以能够建立霸业，很大程度上在于能够把各种问题想到前面，能够对未来进行基于问题的假设思考，比如在招董卓进京的事情上，曹操首先想到的是董卓进京会带来的问题。

2.4 做别人做不到的事情

为将为帅要做别人做不到的事情，在市场上竞争，要想超越别人而成功，要想成为顶尖的，你就必须做到别人做不到的事情。迪士尼乐园的创办人迪士尼说："只要你能做别人做不到的事情，这样你就没有竞争对手，因为你做到别人做不到的事情。"迪士尼乐园能够成为全世界最大的儿童乐园，这就是他成功的原因。

成功者和失败者最大的差别就是行动的差别，他们做的事情不同，所以结果不同。成功者与失败者做事情往往是相反的，所以你要成功就要做失败者不敢做的事情。失败者不愿意学习，所以你要学习；失败者不愿努力，所以你一定要努力；失败者不愿冒险，所以你一定要冒险。失败者不愿做什么事，你立刻去做，这是成功最简单的想法。然而大部分的人都是失败者，所以大部分人不愿做的事情请你赶快去做。日本的西武酒店是全日本最大的酒店集团。一次，有个人见到西武的总裁，可是看一个领导模样的人正在扫地，于是非常瞧不起他。他见到西武酒店的老板替一明之后，就告诉替一明："你们酒店老总也不怎么样，他在扫地。"没想到替一明不但没有生气，反而自豪地说："这种老总会成功，公司的每一位管理者都要做服务员的工作，他们不但要扫地，还要亲自去餐厅端盘子，这就是我们公司成功的秘诀。"

3. 将帅之道，完人、强人、牛人

老板是完人

干部是强人

员工是牛人

3.1 完人理论

为将眼中，老板是完人，老板是美人，老板是完美之人，世界上本没有完人，说老板是完人，不是说老板就是完美无缺，没有什么问题，往往一个公司最大的问题可能就是老板的问题。而且，老板的问题往往也是最难改的问题。

没有完美的性格，每一种性格都有好的一面，也都有不好的一面，老板也一样，没有哪一种性格就是成功老板的性格。在德鲁克的管理实践中，列举了各种性格成功的老板。我们的性格本身不完美，是没有资格要求一个完美性格的老板。缺陷与优点构成了完美的性格和人生。无法改变的事实就有存在的合理性。一个试图改变老板性格的人无疑是在找不开心，但是一个配合老板性格的人会让老板性格的缺陷降到最低，比如老板很暴躁，你就要相对温和，老板很犹豫，你要推动老板做出决策。

这里所说的老板是完人，不是说老板什么都对、什么都好，而是说我们要塑造一个完人，要完善一个完人，去成就一个完人，老板是靠将帅成就的，是靠将帅完美的，老板越完美，公司才越完美，老板越强大，公司才越强大，老板越自信，公司才越自信。我们所说的完人是态度上的完人，而不是具体工作中的完人，在具体工作中，老板也许有事情考虑不周到，就是因为我们的看到、想到和做到，使老板成了一个完人。大家把老板当完人，但老板不能真的就把自己当完人，如果一个老板真的飘飘然地把自己当完人，公司也就完了，把自己当美人，这个公司就不美了。在很多公司中，为将之人处处挑老板的问题，和老板对着干，打击老板自信心，挑战老板权威。一个没有自信和权威的老板，不是老板最大的问题，恰恰是为将最大的问题，不是老板最大的灾难，恰恰是为将最大的灾难。公司要有自信，老板要有权威，没有权威的公司是没有前途的公司，没有权威的公司是没有力量的公司。

3.2 强人理论

为帅眼中，众将都是强人，众将都是强兵强将。如果为帅眼里都是虾兵蟹将，仗就没法打了，很多事情都要自己亲自做。在实际工作中，我们时常听到一些老板说“我们公司的人不行”“这个人不行，那个人不行”，为什么公司的人不行，其他公司的人就行呢？为什么不行的人都跑到你的公司来了，行的人都在其他公司？不是你公司的人不行，而是你认为他们不行。很多时候，认为他们不行，他们真的有可能不行，认为他们行，他们就有可能行。首先是从心里认可大家都行，如果真的不强不行就要培养他强他行，实在不行就要找行的做，实在不强就要找强的做。

为将的强主要表现在几个方面：一是业务能力强，自己业务都不强，如何指导下属、如何安排工作、如何为老板分担；二是带队伍的能力强，为将不是一个人在工作，是一个团队在工作，要善于带动团队的工作积极性，要善于调动团队工作的主动性；三是目标计划能力强，要善于制定目标、制定计划、执行计划、达成计划；四是协调能力强，为将负责自己的业务板块，需要其他部门的支持和配合，善于协调部门之间的关系，能够获得大家的支持，能够获得大家的认可；五是沟通能力强，能够把自己的意思清晰地表达出来，能够把大家的意见综合起来。为将要强，为将是公司的栋梁，如果栋梁不强、房屋不稳、地基不实，事业就不旺，每一个强大的公司都有一批强大的众将。生产大将要强、营销大将要强、财务大将要强、人力大将要强，将强帅轻，将领强大了，为帅就轻松了。

3.3　牛人理论

牛的公司都有一批牛员工，牛员工塑造牛老板，牛员工成就牛老板，牛员工打造牛老板。

员工都是牛人，是说员工技术、技能要牛，工艺水平要牛，一个技术、技能好的员工抵十个新员工，一个技术、技能牛的员工就是一个好师傅，一个技术、技能牛的员工就是一条生产线的安全保障。我们经常所说的工匠精神、匠心精神、精益精神，实际上是说员工精神、牛人精神，只有员工有工匠精神、牛人精神，公司才能做出精品、良品、牛品。

牛，具有任劳任怨、吃苦、耐劳、奉献等精神，吃的是草，挤出来的是奶。但牛也有牛脾气，牛蛮横起来顽固的不得了。

现在出现的招工荒其实就是牛人荒，基层员工越来越难招，基层员工越来越值钱。我们很少听说一个公司缺老板、缺领导，更多的时候是缺员工、缺牛人，特别是在新的经济环境下，一些服务行业招人难、用人难、服务人员老化等问题日益严重。老板不牛，不干也得干；管理者不牛，不要轻易跳来跳去；员工很牛，这里不能干就到那里干。

一个公司最牛的人就是员工。对待牛的人，我们不能有牛脾气，要善待员工，要关心员工，要尊重员工，一个小小的关心换来的可能是干好工作的真心，一个小小的尊重换来的可能是一辈子的忠心。很多公司把顺序弄反了，认为老板最牛，管理者次牛，员工不牛。实际上员工才是最牛的，一个公司90%以上的事都是小事，都是员工做的事，一个公司90%的人都是员工，员工是公司的底座，员工创造了公司的最终价值和财富。

我们要把员工当牛人，我们要做的事就是为牛人服务，为牛人创造好的工作环境，为牛人创造好的工作心情。只有员工牛了，公司也就牛了，只有员工牛了，老板也就牛了。

在企业里面，我们时常听到下面的人对领导有抱怨：领导的态度不好、领导的方法不对、领导的想法不切实际、领导的人品有问题、领导的境界不高，这种形象在很多企业都普遍存在，抱怨的人都把问题推给了领导，自己好像很无辜、很委屈、很气愤，自己好像没有任何问题。实际上当我们对领导有抱怨的时候，一定要知道领导必有埋怨：下面的人能力不行、下面的人执行力不够、下面的人态度不端正、下面的人格局不高、下面的人思想落后等。当领导有埋怨的时候，一定不要忘了下面的人可能有抱怨，问题不一定都是在下面，很多时候上面才是产生问题的根源，领导很容易以自己的标准和水平来衡量下属的标准和水平。

曹操有个著名的谋士叫娄圭，跟随曹操平定袁绍、征讨刘表、讨伐马超，立下了很大的功劳。比较知名的就是曹操在攻打马超时，用土沙垒砌的墙很快就倒了，娄圭献计：用土沙筑墙，然后灌水，水结成冰，墙就像铁石一样坚硬。曹操经常感叹："我的计谋不如娄兄啊！"也时常自嘲："娄兄财富比我多，但权势不如我也。"

有一次，娄圭看见曹操外出，身边的人感叹曹操的权势，娄圭对身边的人说道："父了都这样，看上去很开心吗？"接着又说，"人生在世，事情要自己做到，怎么能光看别人呢？"后来曹操听说了这件事，认为娄圭有怨言，就把娄圭杀了。一句话掉了脑袋，这种事情在历史上是很多的，当一个人对另一个人有怨言的时候，另一个人也可能对这个人有意见。

在企业咨询过程中，我们也经常听了领导对员工的埋怨，马上又听员工对领导的抱怨，上级埋怨下级，下级对上级也有抱怨。从我 17 年的企业临床咨询服务经验来看，抱怨、埋怨的结果都不好，埋怨、抱怨是双方分开的导火索，是工作激情的灭火器，是工作效率的绊脚石，严重的最后都分道扬镳了。在日常生活中，家长埋怨孩子，孩子可能对家长有抱怨，我们不能只想孩子不听话，要想自己的方法有没有问题；老婆埋怨老公，老公也可能对老婆有抱怨，我们不能只想老公不疼我，要想有没有关心老公；朋友也可能对朋友有抱怨，我们不能只想朋友对我怎么样，也要想想我对朋友怎么样。抱怨、埋怨是结怨之源、企业之毒。其实，企业中存在的抱怨，很多时候不是个人的品行问题，也不是个人的能力问题，而是企业没有建立起消除抱怨、埋怨的机制，主要原因有三点：理念不同步、结构不匹配、方法不到位。

（1）理念不同步。

很多时候抱怨的产生是因为双方理念不一致，比如领导的理念没有宣传到位或者根本没有得到员工的认同。好的领导想到的不是现在怎么样，而是未来怎么样，今天对领导不重要，明天对领导才重要，领导一般都是活在明天的，而公司员工大多是活在现在、活在当下的，把眼前的事情做好就可以了。领导在想东，员工有可能在想西；领导想做大，员工有可能在想做强；领导在想做投资，员工有可能在想分钱。由于所处的位置、所扮演的角色不一样，导致双方的格局、理念存在一定的差距，员工不能跟着领导的思路走，不能与领导的思维同频同轨道，从而导致双方理念的不同步、双方不认可，从而导致双方产生抱怨、埋怨。要想消除抱怨、埋怨，首先领导要将自己的理念宣传到位。好的理念，要天天讲、时时提，要讲到员工的心里去，要提到员工的脑里去，不能今天提了一个理念，明天又提一个理念。这个理念没弄懂，那个理念又上场。员工也要多提高自己的认识和见识，站在领导的角度思考，消化、吸收领导的意图，与领导的理念同步同频同轨道。

（2）结构不匹配。

很多公司战略写在墙上、理念挂在口上，就是无法落实下去、执行下去，一个重要原因就是公司缺乏与战略、理念相匹配的组织结构体系，缺乏与战略、理念相匹配的绩效机制。随便一个人都可能提出一个理念，但要想这种理念得到落实，就必须建立和优化与理念相匹配的组织结构和机制。比如很多公司提出了以客户为中心的发展理念，但公司的组织结构体系还是本位主义、自我至上，没有客户服务的组织创新、没有客户满意的评估体系。有的公司提出了以创新为核心的发展理念，却没有创新的人才、创新的机制、创新的组织。

再好的理念如果没有与组织结构体系相融合，没有与绩效

机制相结合，就犹如雾里看花、水中望月。还不如没有这个理念，因为有了这个理念，可能让企业产生痛苦，想起来很好，就是做不到。

（3）方法不到位。

理念有了，结构有了，接下来就是研究方法。方法总比问题多，同样一个问题，可能有几种不同的解决方法，同样一个方法不一定能解决所有的问题；方法往往来自于一线、来自于市场、来自于客户、来自于实践、来自于不断试错。华为任正非先生提出“要让听得见炮火的人做决策”“所有的人都要到一线去”，说的也是这个道理，方法不在办公室，方法在市场一线，方法不在自己的大脑里，方法在客户的大脑里。

如果理念、结构是上面的问题，那么方法就是下面的问题，上面要为下面解决理念、结构的问题，下面要为上面解决方法的问题。上面没有了埋怨，下面也就少了抱怨；下面没有了抱怨，上面也就少了埋怨。

愿天下无怨！

愿企业无怨！

愿家庭无怨！

愿朋友无怨！

4. 将帅之道，洞察人心

“郭嘉不死亮不出。”这句话包含了两个含义：一是郭嘉死的那一年，诸葛亮出山了，那一年是公元 207 年，赤壁大战前夕；二是郭嘉不死，诸葛亮不敢出山，说明郭嘉比诸葛亮还厉害。看过《三国演义》的都知道，郭嘉确实很厉害，郭嘉是曹操早期的军事谋士，为曹操统一北方立下了汗马功劳。曹操曾经三次痛哭郭嘉，其中最著名的一次就是赤壁之战后，曹操痛哭："哀哉奉孝，惜哉奉孝，疼哉奉孝"。《三国演义》中有很多哭的场面，刘备也屡次痛哭，但都没有曹操这次哭得撕心裂肺、伤心欲绝、生动形象，一哀、一惜、一疼，把曹操对郭嘉的感情表达得淋漓尽致。

为什么曹操这么悲痛郭嘉呢？仔细研究一下《三国演义》，我们会发现，郭嘉之所以能够为曹操出奇谋，核心就是对人性的理解和洞察。郭嘉的每一次谋略都建立在人性的基础上。最著名的就是郭嘉的十败十胜论。官渡之战前夕，曹操的地盘没袁绍大，人才没袁绍强，粮草没袁绍多，各方面都处于劣势，但郭嘉提出了十败十胜论，提前预告了战争的结果，坚定了曹操的信心和决心。十败十胜论都是基于人性的分析，对袁绍人性的洞察，对曹操人性的洞悉，每一条都闪着人性的光芒。我们来看一下这段著名的论断：

绍有十败，公有十胜，绍虽兵强，无能为也。绍繁礼多仪，公体任自然，此道胜一也。绍以逆动，公奉顺以率天下，此义胜二也。汉末政失于宽，绍以宽济宽，故不慑，公纠之以猛，而上下知制，此治胜三也。绍外宽内忌，用人而疑之，所任唯亲戚子弟，公外易简而内机明，用人无疑，唯才所宜，不间远近，此度胜四也。绍多谋少决，失在后事，公策得辄行，应变无穷，此谋胜五也。绍因累世之资，高议揖让以收名誉，士之好言饰外者多归之，公以至心待人，推诚而行，不为虚美，以俭率下，与有功者无所吝，士之忠正远见而有实者皆愿为用，此德胜六也。绍见人饥寒，恤念之形于颜色，其所不见，虑或不及也，所谓妇人之仁耳，公于目前小事，时有所忽，至于大事，与四海接，恩之所加，皆过其望，虽所不见，虑之所周，无不济也，此仁胜七也。绍大臣争权，谗言惑乱，公御下以道，浸润不行，此明胜八也。绍是非不可知，公所是进之以礼，所不是正之以法，此文胜九也。绍好为虚势，不知兵要，公以少克众，用兵如神，军人恃之，敌人畏之，此武胜十也。公有此十胜，于以败绍无难矣。

将帅之道，从根本来说是人道，人道从根本来说是人性之道。己所不欲，勿施于人。自己不喜欢的，不要强加于别人头上。卡耐基的《人性的弱点》中有这样一句话："任何一个健康的人的任何一个行为，都是服务于他自己的目的。"什么是人性，人性是以一种基于人的心理、习惯、行为形成的一种心理感知。人性日常用语上有狭义和广义两方面：狭义是指人的本质心理属性，也就是人之所以为人的那一部分属性，是人与其他动物相区别的属性；广义上是指人普遍所具有的心理属性，其中包括人与其他动物所共有的那部分心理属性。无论是人的本质心理属性，还是人与动物所共有的属性，由于它们都是人所共有的心理属性，那么这种属性就不可能是后天的结果，只能是人类天性，属于无条件反射。孔子说："性相近，习相远也。"以此将人性划分为先天性和后天性两种。从古至今，就人性的争论很多，中国古代就有性善论、性恶论、无恶无善论、有善有恶论等，外国古代虽然未见有如中国古代就人性善恶的争论，但对人性善恶的见解又会广见于宗教理论、心理学思想与管理学理论中。

一场战争可以通过对人性的分析来决定胜负。人是企业最大的要素，也是企业的决定性要素，华为的任正非说："管理就是管人性，管欲望。"所有的管理都是基于人性，管理就是管人性，管人性就是管欲望。根据马斯洛的需求理论，人的需求和欲望分为五个层次：

（1）生理上的需要。这是人类维持自身生存的最基本要求，包括对呼吸、水、食物、睡眠、生理平衡、分泌、性的需求。如果这些需要（除性以外）任何一项得不到满足，人类个人的生理机能就无法正常运转。换言之，人类的生命就会因此受到威胁。从这个意义上说，生理需要是推动人们行动的首要动力。马斯洛认为，只有这些最基本的需要满足到维持生存所必需的程度后，其他需要才能成为新的激励因素。此时，这些已相对满足的需要也就不再成为激励因素了。

（2）安全上的需要。这是人类要求对人身安全、健康保障、资源所有性、财产所有性、道德保障、工作职位保障、家庭安全的需求。马斯洛认为，整个有机体是一个追求安全的机制，人的感受器官、效应器官、智能和其他能量主要是寻求安全的工具，甚至可以把科学和人生观看成是满足安全需要的一部分。当这种需要相对满足后，也就不再成为激励因素了。

（3）情感和归属的需要。这一层次包括对友情、爱情、性亲密的需求。人人都希望得到相互的关心和照顾，感情上的需要比生理上的需要细致，它和一个人的生理特性、经历、教育、宗教信仰有关系。

（4）尊重的需要。该层次包括对自我尊重、信心、成就、对他人尊重、被他人尊重的需求。人人都希望自己有稳定的社会地位，要求个人的能力和成就得到社会的承认。尊重的需要又可分为内部尊重和外部尊重。内部尊重是指一个人希望在各种不同情境中有实力、能胜任、充满信心、能独立自主。总之，内部尊重就是人的自尊。外部尊重是指一个人希望有地位、有威信，受到别人的尊重、信赖和高度评价。马斯洛认为，尊重需要得到满足，能使人对自己充满信心、对社会满腔热情，体验到自己活着的用处和价值。

（5）自我实现的需要。该层次包括对道德、创造力、自觉性、问题解决能力、公正度、接受现实能力的需求。这是最高层次的需要，它是指实现个人理想、抱负，发挥个人的能力到最大限度，达到自我实现境界的人，接受自己也接受他人，解决问题能力增强，自觉性提高，善于独立处事，要求不受打扰地独处，完成与自己的能力相称的一切事情的需要。也就是说，人必须做称职的工作，这样才会感到最大的快乐。马斯洛提出，为满足自我实现需要所采取的途径因人而异。自我实现的需要是努力发挥自己的潜力，使自己越来越成为自己所期望的人物。

人性有趋利避害的特征，在企业与个人、个人与个人之间存在着利益分配、管理约束的前提下，它反应与表现出来的绝不是我们想象中的“主人翁意识”“责任心意识”，或者是“相互帮助”“一荣共荣”等美好品质。恰恰相反，人性深处的那种“偷懒”“钻空子”“攀比”“推卸责任”的种种暗黑心理，实际上全部源自人性趋利避害的本能。真正的“人性化管理”，应该是重视、研究并利用这种本能来强化企业的管理质量。

鼓励趋利更要引导避害：早在两千多年前的墨家就曾深刻地阐述过趋利避害的人性特征。它首先指明的是，利与害是一对相辅相成的动力源泉。而前面所说的“一味强化正面奖励”就容易走偏。比如公司为鼓励员工加班，特规定：凡推迟三小时以上下班的均可报销回家打车费。在这种单纯利益的诱导下，许多正常完成工作的单身员工大都选择继续在公司待满三小时，哪怕是闲坐着、干上网，为了可以免费打车回家。而科学的管理模式会把员工加班时间代入当月工作业绩考核中，进行加权评估，那些表面上增加了许多加班时间，但工作业绩并未提高的员工，会在最终绩效评定上减分。那么这样就会有效规避无谓的加班。

趋利的一种特殊表现就是避大害：同样墨子指出：“于所既有而弃焉，是害之中取小也。”意思就是在外界的压力之下，人们会权衡利弊，在大害与小害之间选择小害。人性化管理并非是无限制地取消或降低企业给予员工的压力与要求，而是明确在压力之下，会有大害与小害之间的选择。比如节假日加班，没有人会真心实意地选择加班，但是就互联网业务来说，许多工作都是 7×24 小时运作的，许多项目往往需要连贯式推进。在这种情况下，要么我们选择短时期内的连续加班，可以如期甚至提前完成项目，要么选择不加班，让整个团队在这个项目上陷入更长时间的折磨，甚至还有可能导致项目失败。

明示眼前利与长远利之间的评定反馈：从规则的本质来说，任何规则都会有漏洞，任何规则在执行的过程中都存在着被所谓“聪明人”利用而“钻空子”的可能。而“钻空子”则会体现出非常明显的眼前利益。实践者往往对此洋洋自得，并极易给其他员工带来不恰当的示范：他可以钻这个空子，为什么我不可以？针对这一点可以让“钻空子”者承担一定的潜在成本。比如公司从关心员工的角度出发，给员工列出非常宽松的各种带薪休假的权益，就会有少数人仔细钻研，并找出可以最大限度休满假期的方案。但是公司理应对于主动放弃应休假期的员工在年终考评、加薪审核中予以明确的加分加权，从而让那些看似在平时休假方面损失利益的员工，在加薪与升职方面享有更多的利益。

人性的边界是制度规范：许多失败的管理者把“人性化管理”理解成“凡事好商量”，看似极具人情味，但外在印象中就是管理松懈、没有原则。一家公司应该要求 HR 部门根据内部员工的男女比例、年龄范围，估算出每一阶段可能会怀孕请假的女员工数量，从而合理反算出新招员工的男女比例，这并不是性别歧视，这是企业生存的必要规划。同理，依照国家法规，保证女员工的各项权益，既是对法律的尊重，又体现了企业对员工的关怀。但是，相对严密、规范的请假流程、准确并绝不模糊的假期计算，会让极少数利用政策进企业混社保的“聪明人”望而却步，这也是真正“人性化管理”对企业的自我保护。

将帅是和人打交道的，将帅离不开人，既然无法离开人，就要洞察人心，洞悉人性，才能实现人和。成功企业都是符合人性的，一个伟大的商业模式一定是满足人性的需求的，一个伟大的产品一定是满足人性的欲求的。阿里巴巴之所以能够成功，满足了消费者追求价廉物美的人性需求；奔驰宝马之所以畅销，满足了驾驶乐趣和豪华享受的人性需求；苹果之所以风靡世界，满足了消费者的使用体验和感受。人性的需求从来就没有隐藏过，人性的需求从来都是暴露无遗的，只要我们善于观察、思考、分析。

“没想到你是这样的一个人”“人心隔肚皮”，说得好像某个人隐藏很深一样，很会伪装自己一样，其实，这个人从来就没有变过，只不过是我们缺乏一双观察的眼睛、缺乏一颗洞察的心。每个行为背后都有一个目的，不管这个目的是好的还是不好的，我们要善于倾听话外之音。中国人自古以来就表现得非常含蓄，很多话可能不会直接说出来，但是会间接说出来，即使是最亲的人，有时也会这样。我们也要善于观察大家的工作状态，积极的工作状态有可能在向我们表达需要得到肯定，消极的工作状态背后有可能就是需求没有得到完全满足。有一首诗写得非常好，大概的意思是你藏不住，所有的一切都可以通过你的言行举止反映出来，你吃饭的姿势、说话的方式、穿衣服的形式、看什么书、和谁在一起等，都能反应出你是什么样的人。这首诗写得很好，因为它告诉了我们了解一个人、洞悉一个人的方式方法，只要善于观察，很容易对一个人做出基本的判断，无需等到大事来临的时候，才能真正了解一个人。

管理要讲人性，但不能讲人情。经常会听到公司要人性化管理，公司管理不人性化，但很多人将人性化管理当作人情化管理。今天迟到了，能不能不打卡；明天违反制度了，能不能通融一下。这种错误的人情化管理不是人性化管理，许多做得不好的管理者把“人性化管理”理解为“凡事好商量”“人情化管理”，表面上大家一团和气、人情味十足，实际上造成公司管理散漫、没有原则。

5. 将帅之道，容言、容事、容人

将帅就是要容别人不能容之言，容别人不能容之事，容别人不能容之人。将帅之所以为将帅，在于要听取更多的言语，处理更多的事情，容纳更多的人。

5.1 容言

好话、坏话、刺耳话，什么话都能听得进。虚心听取意见和建议是风度、是胸怀坦荡；让人把话讲完，是大度、是谦恭、是强而不锐，也是有力量的体现。容言要有勇气，没有勇气则听不得诤言；容言要有耐心，没有耐心则听不到真言。容言不是是非不辨、良莠不分，容言要有智慧，分得清什么是良言什么是谄言；还要有气量，听得进甜言蜜语，也容得下直言不讳，“兼听则明，偏信则暗”；容言，才能广开言路，集思广益。

5.2　容事

易事、苦事、难事、好事、窝囊事，凡事皆能装心中，一丝不苟地去办。易事认真办，苦事用力办，难事用心办，好事朝更好的方向去办，窝囊事要理智地去办。认认真真、踏踏实实、勤勤恳恳地做好每一件事，不因其易而轻视，不因其苦而放弃，不因其难而退缩，不因有功而自傲，也不因无过而自喜。

5.3　容人

常人、能人、有功过之人，均应一视同仁，以诚相待。无论是常人、能人，还是有功之人，只是相互的能力有大小、职务有高低、功过有区别，彼此的人格是平等的。平等待之、礼貌待之、以诚待之，这是为人的准则。以貌取人者，是俗人；以衣取人者，是庸人；以官取人者，是小人。无论地位尊卑、年龄大小、有功还是有过，均能以诚待之，方为容人。容人才能得人得心，容人者方能为他人所容。

老板的六管与六不管

对老板来说

什么事情最易

发现别人的问题最易
什么事情最难
发现自己的问题最难

对老板来说
管理什么最简单
管理别人最简单
什么人都可以管
管理什么最麻烦
管理自己最麻烦
自己没有人敢管

成功的老板
都是善于自我管理的人
失败的老板
有六样东西管不好

1

管不好自己的手
有些老板有双神奇的手
不该插手他要插手
不该动手他要动手
不该亲手他要亲手
不该下手他要下手

不该牵手他要牵手
不该摸手他要摸手
该住手他不住手
该放手他不放手
该停手他不停手
该帮手他不帮手
别人有一双手
他有无数双手
别人一头两臂
他有三头六臂
好老板
管好自己的手

2

管不好自己的嘴
有些老板有张神奇的嘴
今天说这个人不好
明天说那个人不好
今天说这事没干好
明天说那事没干好
批评人伶牙俐齿
表扬人难以启齿
许大诺声如洪钟
兑承诺唯唯诺诺

自己能说又会道

自己会说又乱说

搞得下属不敢说

整得下属不愿说

弄得下属不想说

好老板

管好自己的嘴

3

管不好自己的眼

有些老板有双神奇的眼

眼里揉不得半点沙子

小毛病一眼就看见

大优点他视而不见

眼前事闭眼也看见

长远事睁眼也不见

好老板

管好自己的眼

4

管不好自己的耳

有些老板有双神奇的耳

该听的他不想听

下属的意见他不听

客户的声音他不听

别人的建议他不听

现实的真话他不听

不该听的他到处听

亲信的话他爱听

顺从的话他爱听

奉承的话他爱听

虚假的话他爱听

好老板

管好自己的耳

5

管不好自己的心

有些老板有颗神奇的心

房产赚钱他热心

农业热了他上心

小贷火了他动心

智能来了他操心

最后

资金没了他烦心

员工走了他疼心

本业废了他闹心

事业没了他伤心

好老板

管好自己的心

6

管不好自己的脑

有些老板有个神奇的脑

今天一个想法

明天一个想法

想法很多

搞得下属没想法

今天一个方向

明天一个方向

方向很多

搞得大家没方向

今天一个建议

明天一个建议

建议很多

搞得大家没建议

好老板

管好自己脑

柳传志说

老板三件事

定战略

搭班子

带队伍

冯仑说

老板三件事

做别人不愿做的事

看别人看不到的事

算别人算不清的事

王石说

老板三件事

做决策

用好人

担责任

王石还说

老板三件事

吃好饭

睡好觉

做好运动

马云说

老板三件事

别人不愿做的事

别人不敢做的事
别人不想做的事

老板很多事
大事小事都是事
管与不管才是事
老板也没那么多事
老板就三件事

管理的最高境界不是管理别人
管理的最高境界是管理自己
管理好自己
才能管理好别人

小结
管理自己就是
管好自己的手
管好自己的嘴
管好自己的耳
管好自己的眼
管好自己的心
管好自己的脑

宽容是强者对弱者的安慰

宽容是弱者对强者的自慰

智者说

宽容是一种美德

宽容是一种智慧

宽容是一种境界

不宽就不美，不容就不德

不宽就不智，不容就不慧

不宽就无境，不容就无界

凡事都要宽容，凡人都要宽容

好像我们不宽容就不是人一样

老王说

有些事可以宽容

有些事不可以宽容

有些人可以宽容

有些人不可以宽容

自己对自己越宽容

很多事就放弃了

父母对孩子越宽容

孩子们就放松了

上级对下级越宽容

工作就不精细了

国家对社会越宽容
社会就会乱套了

老王说
工作没干好，你要我宽容
公司干不好，谁可宽容我
你打我一拳，你要我宽容
我浑身难受，谁可宽容我
你胡说八道，你要我宽容
我有理难辨，谁可宽容我
这是什么逻辑
这是哪门理论

老王说
宽容是需要资本的
公司有这个资本吗
没有就少谈些宽容
宽容是需要能力的
你具备这个能力吗
没有就少谈些宽容
宽容是需要代价的
你能承受得了代价吗
不能就少谈些宽容
不要动不动就要宽容

宽容是多么高贵的境界

我不敢轻易用它

宽容是多么高尚的情操

我不敢轻易碰它

宽容是多么高远的智慧

我不敢轻易提它

老王说

一个宽容的人生是没有激情的

一个宽容的企业是没有狼性的

一个宽容的国家是没有进步的

一个宽容的经理是带不好队伍的

一个宽容的公司是做不出良品的

老王说

你迟到要我宽容

你发怒要我宽容

你骂我要我宽容

干不好要我宽容

不认真要我宽容

你那么喜欢宽容

为什么就不宽容一下我呢

当你劝我要宽容的时候

我好想笑

但又笑不出来

老王说

宽容是强者对弱者的安慰

强者劝弱者要宽容

强者你好不宽容

宽容是弱者对强者的自慰

弱者对强者的宽容

弱者你好不自知

老王说

我拿什么来宽容你

我凭什么要宽容你

6. 将帅之道，说服、信服、征服

要想信服，要先说服；为帅要有说服能力，为将要有信服能力，为将为帅对员工要有征服能力。说服能力是把事情讲清楚、说明白，一个优秀的帅一定是一个有说服能力的人，不但能说服自己的员工，还能说服消费者购买自己的产品。马云在公司内部不断说服大家向一个共同的目标奋斗，对外部不断说服消费者认同，什么事情办不好、做不好，在于为帅缺乏说服的耐心和技巧，对说服的重要性不重视。很多时候，帅讲的是一些新方向、新趋势、新东西，大家不一定能很快明白，为帅就要极度重视说服的工作。比如公司的战略，很多公司的战略装在老板自己的脑袋里，挂在公司的墙上，并没有得到执行和落实，老板以为在年终会上讲几句，公司的战略就落地了，实际上对很多人来说，年终会就是一个会议形式，参会比会议本身更重要，老板讲了些什么，很快就忘了。

要想公司的战略真正有效落实，老板就要天天讲、时时讲，围绕战略讲、围绕战略做检查、围绕战略做考核，只有这样，才能把公司的战略落实到每个人的心里、落实到每个人的行动中、落实到公司的产品、落实到公司的客户。很多老板其实是非常粗暴的，叫你干什么就干什么，其实这种方式在创业阶段可以，但公司到了一定规模以后，这种方式就失效了。为什么要做，不做有什么后果，做了又什么好处，怎么去做，这些都要讲清楚、说明白，让大家开开心心地做。董事会决策时，要做一件什么事情，可能不是所有的人都认同这个方案，这时不能急于去做决策，而是要分析为什么不认同、如何认同。我曾经服务的一家企业，董事长经常抱怨：决策不出董事会，你开你的董事会，我做我的事情，很多董事会的决策都得不到执行，甚至到了要换人的状态。董事长认为是高层的问题，高层认为是董事长的问题，董事长很少去做说服工作，高层也就难以信服。

信服能力是要相信、要认可，不能事事唱反调，处处对着干，内心充满抵制，缺乏认同、配合、协作能力，否定了老板的权威。征服不仅是要把道理讲清楚，还要有制度约束。企业在创造阶段，老板说什么就是什么，没有条件、没有理由，大家根据老板说的去做。但企业发展到一定阶段，老板发现，自己说的不管用，自己讲的不好使了，老板认为是下属执行不力，下属认为是老板讲得不切合实际。更多的时候企业表现出来的是谁都不服谁，将不服帅，帅不服将，表面上服，内心不服，甚至表面上都不服。

说服的难点是什么？在多数日常决定中，决策者采用的是自动思维系统，而非反射式思维系统，也就是蜥蜴脑在做决策，事实信息对非理性决定几乎没有影响。戴尔·卡耐基曾说过："在这个世界上，影响别人的唯一方法就是谈论他们想要的东西，并告诉他们如何获得这些东西。"这种影响就是施加于蜥蜴脑的影响。要对被说服者的蜥蜴脑通过施加影响的方式进行说服，主要面临两大挑战：第一大挑战就是说服别人做他们本来不想做的事。比如说服倾向于支持你的候选人的选民们参加投票而不是待在家里，说服别人对易拉罐循环利用而不是随手丢弃。第二大挑战就是说服别人不做他们本来想做的事。比如鼓励吸烟者抵御吸烟的诱惑。无论是我们熟悉的人还是陌生人，其行为都受到内在蜥蜴的强烈影响。内在的蜥蜴不会驯服于理性论据，无论这些论据多么缜密，这也是说服的难点所在。如何达到说服的目的？这就需要采取适当的说服策略，运用说服的方法改变顾客的心理状态。为了在说服中取得成功，就必须同内在的蜥蜴，即我们的自动式思维系统打交道。

这里有七个说服秘诀。

（1）说蜥蜴的语言。

我们的无意识思维方式自有其交流方式，它的语言有自己的语法规则和风格。联想就是一种既简单又强悍的蜥蜴语言。我们脑中的一个念头会产生许多与之相关的念头，每一个被激起的念头转而又牵引出更多的念头。即使我们不愿意，也会产生联想，阻止不了联想。

（2）将行为而非态度作为说服目标。

改变他人的行为比改变其感觉更容易。因为以改变他人态度为目标会激发他人的智力抗体，而这些智力抗体会让他原有的抵触心理变得更强烈、更情绪化。而改变环境常常是改变行为最有效的方法，不同的环境会引发不同的行为。

（3）不要改变他人的愿望，帮他们实现。

当你告诉别人如何获得想要的东西时，说服才会有效果。所以，首先需要了解并理解说服目标的愿望，然后找出他们的期望与我们推荐的行为有何交集。如果我们不考虑说服目标的想法，不谈他们的愿望，那么成功说服他人的可能性基本为零。

（4）不要询问，去发掘。

人们往往不知道自己想要什么，但你可以找出他们想要什么。

（5）关注感觉。

罗列事实无助于改变人们的感性决定。

（6）借助期待感来提升实际体验。

人们对某种经历的期待能改变其实际体验。设置期待感的影响是长久的，它是一种“会走路的说服术”。由于期待感会带来体验的改变，你的说服目标不仅现在会采取你建议的选项，未来也可能会这么做。我们可以通过改变期待感来改变体验。

（7）增加点艺术性。

艺术能让无意识思维成为你的盟友。无论是哪种形式的说服，我们都可以在其中融入一点沟通、推测和吸引的艺术，这样改变说服目标的行为就能够增加一点把握。对于被说服者而言，精心构思的信息是种恭维，他们会立刻理解你的心意，而一个受到恭维的受众更愿意接受你的建议。18 世纪法国哲学家丹尼斯·狄德罗曾经收到朋友赠送的一件质地精良、做工考究的睡袍，他非常喜欢。可他穿着华贵的睡袍在书房走来走去时，总觉得家具不是破旧不堪，就是风格不对，地毯的针脚也粗得吓人。于是，为了与睡袍配套，旧的东西先后更新，书房终于达到了睡袍的档次。最后，他感叹自己居然被一件睡袍胁迫了。这就是“狄德罗效应”，专指人们在拥有了一件新物品后，不断配置与其相适应的物品，以达到心理上平衡的现象。

长期以来，我们普遍认为说服他人就是要改变他人的态度。要说服他人就要以行为而非态度为目标。不论你的行为有何理由，“狄德罗效应”就是极好的行为先导的有力证据。

以德吸人，以理服人

以例证人，以情感人

以信取人，以诚动人

以制约人，以扬促人
以权压人，以利诱人
以功归人，以奖励人

7. 将帅之道，看将、看帅、看己

古希腊哲学家泰勒斯曾经说过一句话：“做什么事情最容易，给别人提意见最容易；做什么事情最难，管理好自己最难。”是否人类天生就有一种本能，发现别人问题的本能，这种本能就像人类天生就有趋利避害的本能一样，人们为什么善于发现别人的问题呢？实际是通过发现别人的问题来降低自己内心的不安，把自己的不足合理化；通过发现别人的问题来掩饰自己的问题，比自己优秀的人还存在这么多的问题，我的问题又算什么问题。人类也有一种天生的本能就是规避自己的问题，每个人都不想成为有问题的人。我们走到一家公司，每个人都对老板有自己的看法和见解，有好的看法，也有不好的看法，但更多的是不好的看法。

员工经常聚在一起议论老板，老板是什么样的人，老板说了什么话，老板这件事情做得不好，严重的甚至人身攻击。从这一点说，当老板也是很不容易的，要经受得了各种侮辱性的评价和嘲笑，大家好像都把老板看得清清楚楚、明明白白；另外一方，我们也能听到老板对管理者的一些看法和意见，执行力不行、管理能力不行、格局不够、思路不清。从这个角度来看，当将也不容易或者说更不容易，从某种程度上来说，将始终处于一个被选择的状态，虽然将可以选择自己的老板，这里干不好换一个地方，但最终还是被老板选择。不论是将看帅的问题还是帅看将的问题，都不要忘了自己在看对方的问题时，对方也在看你的问题。

有一个互感理论，就是你对对方的感觉恰恰是对方对你的感觉，当你对一个人没有好感的时候，对方对你也好不到哪里去；当你不喜欢一个人的时候，对方也不见得会喜欢你。但很多时候恰恰相反，我们不喜欢人家，但希望人家喜欢我们；我们不认可人家，但希望人家认可我们。这种想法基本上是不切实际的。也就是说，当我们对某个人有意见的时候，也要时刻提醒自己，对方对我的意见也许是一样的，问题不仅仅在对方，也许还在自己。

为帅要会看将，看人、识人、用人。对帅来说，世界上什么事情是大事，有人说产品是大事，有人说安全是大事，有人说生产是大事，有人说财务是大事，但从事业成就来讲，“事之至大，莫如知人”。曹操就是一个看人、识人、知人、用人的高手，他对文臣武将的评价，对天下诸侯的评价，其中最著名的就是对刘备的评价：“今天下英雄，唯使君与操尔。”相比之下，刘备的用人、识人能力相比曹操差一些，刘备两次重大的失败都是对人的认识不够，兄弟感情超越了人性判断，一次是刘备在徐州攻打袁术的时候，徐州是刘备奋斗大半辈子的第一个可以安身立命的地方，旁边还有吕布虎视眈眈，刘备明知张飞贪酒无度，还让张飞留下来，结果张飞饮酒误事，徐州被吕布夺取。第二次就是安排关羽守荆州，荆州自古兵家必争之地，同时也是蜀国的门户，向东可以伐东吴，向北可以攻曹魏，刘备也知道关羽的性格，自负自诩，天下英雄唯关尔，谁也看不上，谁也不放在眼里。结果，荆州的丢失，直接导致蜀国从盛转衰。

历史上很多的失败都是用人的失败，赵国赵王由于错用了赵括，导致长平之围，40 万大军被活埋；诸葛亮错用马谡，结果导致街亭失守，错过了平定中原的最好机会。从这些例子可以看出，为帅对人的评价和使用直接导致国家的兴亡。

治理之道，就是善于用人之所长，避人之所短，也就是使人人各得所宜，都能各扬其所长，避其所短。识别人才，考核才能，是治理国家的根本。古人提出：为治以知人为先。治理国家以了解、识别人为首要事情。可以说，非知人不能善其任，非善任不能谓知之。这富有哲理的良言告诉世人，不了解人就不能很好地使用人，没有很好地使用人就是因为没有了解人。所以，得人之道，在于识人。而识人之前，重在观人。观人重在言与行，识人重在德与能，不细观则不能明识，不明识则不能善用。只有知人才能善任，因为对一个人了解得越深刻，用起来就越得当。历来人们都认为，为帅之德，莫大于知人。也就是说，帅的作用，没有比识人更重要的了。

如果一个帅，有贤不知、知而不用、用而不任，这是一个军队三种不祥之兆的表现。袁绍手下猛将如云，文臣如鱼，但袁绍恰恰就是犯了这三种错误，有贤不知，曹操首席谋士郭嘉、荀彧等在袁绍手下干过，但袁绍居然没有发现他们；知而不用，田丰、许攸等都是一等一的谋士，但袁绍却不愿使用这些人才；用而不任，沮授尽管在官渡大战中作为袁绍的主要谋士，但袁绍却不能听取其建议，袁绍败就败在这三点，表面上很喜好人才，但好名轻实，不能很好地识人、知人、用人，结果从最有机会称霸中原的人变为最早退出了中原的人。所以，作为企业老板，最大的问题就在于不能知道和识别人才。如果不能识人、知人，势必不能用人。一旦知道和识别到人才，又不及时推荐和提拔使用，人才就会流失。同样，一旦了解和识别的人既缺德又缺才，又不及时从其现任的位置上撤职和采取切实可行的措施进行罢免，继续将其留用，这必然给企业带来很大的损失，甚至带来危害。凡是优秀的企业家，都非常重视人才，都非常重视管理者的能力考核，培养优秀的管理团队，将人才作为公司发展的基石。

总之，企业兴亡，务在知人、识人、用人。得其人任用之则存，失其人未任用则亡。知人善用，择贤而任。要做到知人善用，所谓知人，就是考察选准人才；所谓善用，就是正确地使用人才；要做到择贤而任，所谓择贤，就是要选择那些德、才、能三才兼备的善良者；所谓而任，就是将具有德、才、能三才兼备的善良者任用到重要的工作岗位上，发挥他们应有的智慧与才能。那么，究竟怎样考察一个人的品德如何、能力如何及其是否具有真才实学？其实，标准很多，方法也很多。全面衡量人才的十项标准：品德、能力、学识、交际、目的、行为、志向、专长、发展、成就。

举凡对那些品德高尚、能力突出、学识渊博、交际广泛、目的纯正、行为端庄、志向远大、专长精熟、发展全面、成就卓越的人来讲，我们可认定他为上上之才；而对那些品德恶劣、能力平平、学识粗浅、交际凡泛、目的不纯、行为不端、志向渺小、专长全无、发展没有、成就归零的人来讲，我们可认定他为下流之徒；那些具备十项标准中一两条或三四条的人来讲，我们可认定他为平庸之辈，或是一般性人才；对那些已具备十项标准中五六条或七八条的人来讲，我们可认定他为中才，或确定其为上等人才。衡量一个人并定义一个人才的水准，是应有所变动的，因为人本身是无时无刻都在变化与发展的，坏人也可能变好，好人也可能变坏。

看将看帅不如看自己，看别人易，看自己难。很多时候，对别人很了解，但对自己却很陌生，要认识自己，先要明白我的长处是什么、我的工作方式是什么、我是如何学习的、我是如何与人沟通的、我的价值观是什么、我周围是什么人、我的目标是什么，我们很多时候善于向别人提问题，习惯研究分析别人是什么样的人，很少能够静下心来想一想自己到底是什么样的人，我们最能用的人其实就是自己。

8. 将帅之道，学无止境

8.1　为什么学、学什么、怎么学

现在周围读书的人越来越少了，我发现不是大家不爱读书，而是不知道为什么要读书？不读书照样挣大钱，不学习照

样工作。没有人天生爱读书学习，爱读书学习的人都是从书里尝到甜头的人，不爱读书学习的人主要是还没有从书里尝到甜头的人。**为什么读书比读书本身更重要？**爱读书的人没有什么可以标榜的，不爱读书的人也没有不好意思的，明确一件事情的目的是把事情做好的前提条件，爱读书的人也就是比不爱读书的人先知道了读书的好处而已，也没什么可炫耀的。

曾国藩说过学习的目的只有两个：一是在于修心；二是在于精业。我非常赞同这个观点。修心，让我们更有勇气活下去，让我们更快乐地活下去；精业，让我们活得更好，让我们活得更精彩。**修心是为了让自己好，精业是为了让自己和别人都好。**

8.2　三分修心，七分精业

又要修心，又要精业，我们如何处理两者之间的关系，是要多修心，还是要多精业。在我看来，三分修心，七分精业就可以了，拿出三分的力气读书修心，拿出七分的力气读书精业。如果一个人主要的精力都花在读书修心上，要么这个人比较迂腐，久而久之，就会成为古代的隐士，清高，难入凡尘；要么这个人比较痛苦，自我成长修炼的水平很低、悟性很差，什么事情都要靠学习别人来成长，都要通过别人的安慰来缓解，人生的事情很多，容易陷入痛苦。

拿出七分力气来精业，专业提升不是简单靠自己的悟性能达到的，而是要结合前人的经验、伟人的肩膀来提高。术业有专攻，专业有绝活，需要我们花大力气、下大工夫才能达到超过一般人的境界。比如把一本书读十遍以上，你就可能有不同的新见解；把一个工作做一万小时以上，你就是一个行家。

8.3　修心：三分书修，七分自修

对于修心，要三分书修，七分自修。也就是说，修心其实更多的时候要靠自己修炼感悟。书里说得再好，自己没有理解、参透，读再多的书也是无用的；书里说得再对，自己不去实践，读再多的书也是无益的。“读万卷书，不如行万里路”，说的也是这个道理，书修打底，自修强体。

修心，是为了让自己平和，让自己喜欢自己，让自己快乐。很多时候我们不开心、不快乐，主要在于自己看不惯自己、自己看不起自己、自己抱怨自己，要让自己快乐是天大的本事，很多的快乐都是借助外界的快乐来实现的。

实际上，外界的快乐只能占我们的快乐的10%，也就是说，外界的快乐是不足以让我们真正快乐的。更多的是痛苦，工作上的痛苦、人际上的痛苦、金钱上的痛苦、情感上的痛苦，有句话叫作：“人生不如意，十有八九”，人生大多都是一些不开心的事情。更多的快乐来自我们内心的平和、内心的满足、内心的释然、内心的见解和内心的看法，让自己快乐，是我们人生中最有意义的一件事，让自己快乐是我们人生中最灿烂的一件事，让自己快乐是我们人生最伟大的一件事，必须要让自己快乐起来。

8.4　精业：三分自修，七分书修

对于精业来说，要三分自修，七分书修。也就是说，精业更多要从别人身上来吸收、获取。自己一个人的经验是有局限的，甚至可以说是井底之蛙，而大家的智慧是无穷的，大家的方法很多种的，你想到的一个想法至少有一千个人想过了，何必还要花那么多时间瞎折腾，向同行学习、向外行学习、向客户学习、向对手学习。正所谓："三人行，必有我师。"

精业，术业有专攻，术业有精工，业务要精，业务要专。我们要想真正做好一件事，光靠经验是不够的，要不断通过学习提升专业知识、业务知识。很多时候，我们认为自己的工作做得不错，实际上一项工作是没有止境的。只有不断地把工作精益求精，不断地把工作做得更好，把工作推向一个极致，让自己成为专家、行家、精家、大家，才能让我们的人生更有自信、更有信心，才能让我们对别人更有价值。

我们纵观这个世界能够取得一定成绩的人，都是善于学习的人，都是把学习当作终生事业的人。毛主席爱学习，老了也在学；曹操爱学习，行军打仗也在学；曾国藩爱学习，起起落落也在学。曾国藩应该是一个学习狂人，号称"八坚学习之人"，每天坚持写日记、每天坚持看书、每天坚持做笔记、每天坚持练书法、每天坚持早起、每天坚持改过自新、每天坚持静坐思考、每天坚持慎读安心，实在是了不得。

8.5　活学更要活用

很多时候，我们遇到一些自己以为的挫折，一些自己以为的委屈，我们心里很难受、很痛苦，仿佛有种活不下去的感觉，实际上通过看书学习，我们会发现自以为了不起的事情也没有了不起，自己以为委屈的事情其实一点也不委屈，咬一下牙、跺一下脚就过去了；或者学得更聪明了，我惹不起你就躲你，不和你打交道。保持看书学习的习惯，能够把阶段性的烦恼降低、把阶段性的忧愁化解。

有些人不想活了，要么是事想不明白，把小事想成了大事；要么是事想得太明白，把大事想成了小事。人生多恼事，多是自扰之。

人生有涯，而知无涯，生命有限，而知识无限，把有限的生命投入到无限的知识海洋中，是一件很傻的事情。在知识爆炸、知识泛滥的时代，如果什么都学、什么都看，一是时间不够，二是学了无用，三是学了不精。所以，一个人会判断自己学什么尤为重要。

未成年的时候，学习能力强、精神状态好、未知空间大，各方面的知识都可以学一点；进入青年，养家糊口、兴家立业，就要多读专业方面的书；进入中年，上老下小，业务不精，人生不兴，精业的知识显得尤为重要；到了老年，时间充足、没事找事，学点自己感兴趣的知识也很好。

每个人可根据自身的环境、自身的工作、自身的条件、自身的兴趣，制定一个系统性的学习计划，把读书学习当作一种习惯、当作一种爱好、当作一种工作、当作一种必备、当作一种生活。长时间坚持这个学习计划，时间长了，学习的效果就会显露出来。

读书学习越多，生命的厚度就增加了，生命的强度就更有力了，生命的质地就更纯粹了。我们常说人生有四重境界：第一重：不知道自己不知道，这是第一阶段，把自己不知道的东西说得理直气壮，在现实生活中，这种人往往很多；第二重：知道自己不知道，这是第二阶段，不敢表达自己的意见和观点，害怕表达自己的看法和见解；第三重：知道自己知道，这是第三阶段，敢于发表一些自己的看法和意见，敢于做出一些决策和判断；第四重：不知道自己知道，这是第四阶段，触类旁通、举一反三，很多未知的东西其实也能够有所认识和见解。人生就是一个不断升级迭代的过程，我们只要通过不断学习，从一个阶段进入另外一个阶段，从一重境界进入另一重境界，从1.0版本升级迭代到2.0、3.0、4.0版本。我们很多时候都处于人生的第一阶段，这个阶段的杀伤力是很大的、破坏性是很强的。无知者无畏，这一阶段的人往往把第二阶段、第三阶段、第四阶段的人弄得一点办法也没有，道理讲不通，方法说不对。乔布斯说过一句话："我最喜欢和聪明的人一起工作，因为可以不管他们的尊严。"聪明的人知道自己知道和不知道，知道就是知道，不知道就是不知道，很容易判断和鉴别别人的对与错，而不知道自己不知道的人，往往认为自己知道而别人不知道，和这种人在一起，往往很辛苦、很痛苦，他们会把歪理讲成真理、把偶然当成必然、把未知说成有知。

我一直沉迷于营销咨询工作，一个重要原因就是我认为咨询是很好的学习型工作，要把客户服务好，首先要不断地学习。在为客户服务的过程中，我们又必须向客户学习，咨询的过程其实就是学习的过程，我们向客户学习、向市场学习、向竞争学习，只有通过不断地学习，才可能为客户提供更有价值的咨询服务。尽管如此，但我还是深感自己的学习无法满足需要，无法完全满足客户的需要。这些年来一直坚持学营销、学产品、学品牌、学战略、学管理，就营销这个范畴我都认为太大了，无法完全的学习，要聚焦一些内容学习，从业 17 年，一直都在学习营销、研究营销，但还不敢说精于营销。

学无止境；专无止境；业无止境；精无止境。

好的学习方法事半功倍，不好的学习方法事倍功半。不同的人有不同的读书方法。比如曹操的读书方法是不求甚解、观其大略，曾国藩的读书方法是咬文嚼字、来回琢磨。曾国藩小时候也不聪明，读书很费力，有一天晚上，一个小偷到曾国藩家偷东西，见曾国藩在读书，不敢轻易下手，一直到天明，小偷把文章都背下来了，曾国藩还没有背下来。毛主席读书有做点评的习惯，有自己的认识和看法，有自己的见解和认知，不是读死书，不是死读书。

书本上的东西只是知识；对知识的看法和见解是认识；书本以外，看法以外，是见识。只要把知识变为认识，把认识变为见识，才是有效的学习。把人家的东西变为自己的东西，甚至把人家的东西变为更好的东西，把人家的东西变为改变自己行为的东西，这才是学习的效果和目的。

看到一些好的知识，要参照、要映射、要反馈、要共鸣，这样知识才会潜移默化地进入我们的脑海；看到一些好的方法，要试用、要应用、要敢用，这样才能成为自己的技能和方法。

学习，不仅是说要经常看书，还有很多看书的学习方式和方法，向同行学、向外行学、向市场学、向客户学……工作的过程本身就是学习的过程，学习的过程实际上也是工作的过程。如果我们在工作中能保持一种学习的态度、一种学习的精神、一种学习的状态，还有什么工作做不好呢？

我们之所以能够帮助一些企业做一点咨询，不是我们有多厉害、有多牛，老板都比我们厉害、客户都比我们牛，只是我们始终保持了一种学习的态度和方式来开展工作。到了企业，老板什么都跟我们讲，什么资料都向我们开放，我们只不过是从另一个角度和视野来看这些问题、解决这些问题。我们为什么能做咨询？是因为我们向一百家以上的企业学习过，是因为我们始终保持向客户学习的态度和精神开展工作。

在咨询过程中，我们还发现一个规律：凡是热爱学习的企业都是一个充满活力、充满激情的企业。我多年服务的一家企业——四川铁骑力士就是一家热爱学习的企业，老板雷文勇家里就有一个藏书十万册的图书馆，每个分公司老总的办公室，看到最多的就是书。由于具有旺盛的学习能力，整个企业充满正能力、充满热情和激情，公司的发展速度非常快，短短十年时间，从几个亿做到上百亿的规模，旗下鸡蛋品牌圣迪乐还是中国鸡蛋第一品牌。凡是不爱学习的企业都是比较沉闷的企业，整个公司缺乏生气与动力、缺乏活力与激情。还有一些企业，老板自己不学习，却整天要求员工要学习，学习流于表面、流于形式，学习重形不重神，一个自己都不学习的老板，怎么带出学习型的团队和组织。

每个人都有自己的学习方法和习惯，但更重要的是要有自己有效的学习方法和习惯，要有时间上的坚持，要有数量上的累积，要有质量上的飞跃。我也有自己的学习习惯，一是想办法找到一本自己喜欢的好书；二是坚持把这本书读十遍以上。虽然我曾经是学霸，但实际上我这个人有点笨，很多东西看一遍就忘了，看一遍不如不看，浪费自己的时间、精力，要看就看十遍以上，狠一点就看二十遍，这样才感觉自己把这本书看懂了一点，偶尔还会发现这本书之外的知识。很多书，看第一遍的时候会觉得这是一本很好的书，时间久了也不知道好在哪里了。再看、再看、再看，你会发现这本书也不太好，不太好的原因有可能就是你发现作者所讲的、所说的好像都知道了、都明白了，甚至发现有些地方说得不是完全正确。这时，你会发生看书的价值真是太大了。

我说过："世界上最便宜的东西就是看书，人家有可能花了一辈子心血写的成果，几十元就被你占有了。世界上最简单的奢侈就是看电影，人家花几亿美金拍出来的，被你几十元消费了。想捡便宜，就看书吧；想简奢，就去看电影，太值了。"

要学，就要认真学；要学，就要学到手；要学，就要学到脑；要学，就要学到心；要学，就要学到用。

推荐作者得新书!

博瑞森征稿启事

亲爱的读者朋友:

感谢您选择了博瑞森图书!希望您手中的这本书能给您带来实实在在的帮助!

博瑞森一直致力于发掘好作者、好内容,希望能把您最需要的思想、方法,一字一句地交到您手中,成为管理知识与管理实践的桥梁。

但是我们也知道,有很多深入企业一线、经验丰富、乐于分享的优秀专家,或者忙于实战没时间,或者缺少专业的写作指导和便捷的出版途径,只能茫然以待……

还有很多在竞争大潮中坚守的企业,有着异常宝贵的实践经验和独特的洞察,但缺少专业的记录和整理者,无法让企业的经验和故事被更多的人了解、学习……

对读者而言,这些都太遗憾了!

博瑞森非常希望能将这些埋藏的"宝藏"发掘出来,贡献给广大读者,让更多的人从中受益。

所以,我们真心地邀请您,我们的老读者,帮我们搜寻:

推荐作者

可以是您自己或您的朋友,只要对本土管理有实践、有思考;可以是您通过网络、杂志、书籍或其他途径了解的某位专家,不管名气大小,只要他的思想和方法曾让您深受启发。

可以是管理类作品,也可以超出管理,各类优秀的社科作品或学术作品。

推荐企业

可以是您自己所在的企业,或者是您熟悉的某家企业,其创业过程、运营经历、产品研发、机制创新,等等。无论企业大小,只要乐于分享、有值得借鉴书写之处。

总之,好内容就是一切!

博瑞森绝非"自费出书",出版费用完全由我们承担。您推荐的作者或企业案例一经采用,我们会立刻向您赠送书币1000元,可直接换取任何博瑞森图书的纸书或电子书。

感谢您对本土管理原创、博瑞森图书的支持!

推荐投稿邮箱:bookgood@126.com

推荐手机:13611149991

1120 本土管理实践与创新论坛

这是由 100 多位本土管理专家联合创立的企业管理实践学术交流组织,旨在孵化本土管理思想、促进企业管理实践、加强专家间交流与协作。

论坛每年集中力量办好两件大事:第一,“**出一本书**”,汇聚一年的思考和实践,把最原创、最前沿、最实战的内容集结成册,贡献给读者;第二,“**办一次会**”,每年 11 月 20 日本土管理专家们汇聚一堂,碰撞思想、研讨案例、交流切磋、回馈社会。

叶敦明　王　涛　李文才　王　强　张远凤　陈　明
廖信琳　岑立聪　方　刚　何足奇　周　俊　杨　奕
孙行健　孙嘉晖　张东利　郭富才　叶　宁　何　屹
沈　奎　王明胤　王　超　马宝琳　谭长春　杨竣雄
夏惊鸣　张　博　段传敏　李洪道　胡浪球　孙　波
唐江华　程　翔　翟玉忠　刘红明　杨鸿贵　伯建新
高可为　李　蓓　王春强　孔祥云　戴　勇　贾同领
罗宏文　张兵武　史立臣　李政权　余　盛　陈小龙
尚　锋　邢　雷　余伟辉　李小勇　苗庆显　孙　巍
陈继展　全怀周　林延君　王清华　初勇钢　陈　锐
高继中　聂志新　黄　屹　沈　拓　徐伟泽　潦　寒
谭洪华　崔自三　王玉荣　蒋　军　侯军伟　黄润霖
朱伟杰　金国华　吴　之　葛新红　周　剑　崔海鹏
李治江　陈海超　柏　龑　唐道明　刘书生　朱志明
曲宗恺　杜　忠　黄渊明　王献永　范月明　吕　林
刘文新　赵晓萌　张　伟　韩　旭　韩友诚　熊亚柱
秦海林　孙彩军　刘　雷　贺小林　王庆云　黄　娜
俞士耀　田　军　丁　昀　张小峰　黄　磊　罗晓慧
赵海永　伏泓霖　任彭枞　梁小平　鄢圣安　马方旭
乐　涛　杨晓燕　欧阳莉华　陈　慧　张　璐

企业案例·老板传记

	书名.作者	内容/特色	读者价值
企业案例·老板传记	**你不知道的加多宝:原市场部高管讲述** 曲宗恺 牛玮娜 著	前加多宝高管解读加多宝	全景式解读,原汁原味
	借力咨询:德邦成长背后的秘密 官同良 王祥伍 著	讲述德邦是如何借助咨询公司的力量进行自身 与发展的	来自德邦内部的第一线资料,真实、珍贵,令人受益匪浅
	娃哈哈区域标杆:豫北市场营销实录 罗宏文 赵晓萌 等著	本书从区域的角度来写娃哈哈河南分公司豫北市场是怎么进行区域市场营销,成为娃哈哈全国第一大市场、全国增量第一高市场的一些操作方法	参考性、指导性,一线真实资料
	六个核桃凭什么:从0过100亿 张学军 著	首部全面揭秘养元六个核桃裂变式成长的巨著	学习优秀企业的成长路径,了解其背后的理论体系
	像六个核桃一样:打造畅销品的36个简明法则 王 超 范 萍 著	本书分上下两篇:包括“六个核桃”的营销战略历程和36条畅销法则	知名企业的战略历程极具参考价值,36条法则提供操作方法
	解决方案营销实战案例 刘祖轲 著	用10个真案例讲明白什么是工业品的解决方案式营销,实战、实用	有干货、真正操作过的才能写得出来
	招招见销量的营销常识 刘文新 著	如何让每一个营销动作都直指销量	适合中小企业,看了就能用
	我们的营销真案例 联纵智达研究院 著	五芳斋粽子从区域到全国/诺贝尔瓷砖门店销量提升/利豪家具出口转内销/汤臣倍健的营销模式	选择的案例都很有代表性,实在、实操!
	中国营销战实录:令人拍案叫绝的营销真案例 联纵智达 著	51个案例,42家企业,38万字,18年,累计2000余人次参与……	最真实的营销案例,全是一线记录,开阔眼界
	双剑破局:沈坤营销策划案例集 沈 坤 著	双剑公司多年来的精选案例解析集,阐述了项目策划中每一个营销策略的诞生过程,策划角度和方法	一线真实案例,与众不同的策划角度令人拍案叫绝、受益匪浅
	宗:一位制造业企业家的思考 杨 涛 著	1993年创业,引领企业平稳发展20多年,分享独到的心得体会	难得的一本老板分享经验的书
	简单思考:AMT咨询创始人自述 孔祥云 著	著名咨询公司(AMT)的CEO创业历程中点点滴滴的经验与思考	每一位咨询人,每一位创业者和管理经营者,都值得一读
	边干边学做老板 黄中强 著	创业20多年的老板,有经验、能写、又愿意分享,这样的书很少	处处共鸣,帮助中小企业老板少走弯路
	三四线城市超市如何快速成长:解密甘雨亭 IBMG国际商业管理集团 著	国内外标杆企业的经验+本土实践量化数据+操作步骤、方法	通俗易懂,行业经验丰富,宝贵的行业量化数据,关键思路和步骤
	中国首家未来超市:解密安徽乐城 IBMG国际商业管理集团 著	本书深入挖掘了安徽乐城超市的试验案例,为零售企业未来的发展提供了一条可借鉴之路	通俗易懂,行业经验丰富,宝贵的行业量化数据,关键思路和步骤

续表

互联网 +			
	书名.作者	内容/特色	读者价值
互联网 +	**企业微信营销全指导** 孙　巍　著	专门给企业看到的微信营销书,手把手教企业从小白到微信营销专家	企业想学微信营销现在还不晚,两眼一抹黑也不怕,有这本书就够
	企业网络营销这样做才对:B2B　大宗 B2C 张　进　著	简单直白拿来就用,各种窍门信手拈来,企业网络营销不麻烦也不用再头疼,一般人不告诉他	B2B、大宗 B2C 企业有福了,看了就能学会网络营销
	互联网时代的银行转型 韩友诚　著	以大量案例形式为读者全面展示和分析了银行的互联网金融转型应对之道	结合本土银行转型发展案例的书籍
	正在发生的转型升级·实践 本土管理实践与创新论坛　著	企业在快速变革期所展现出的管理变革新成果、新方法、新案例	重点突出对于未来企业管理相关领域的趋势研判
	触发需求:互联网新营销样本·水产 何足奇　著	传统产业都在苦闷中挣扎前行,本书通过鲜活的案例告诉你如何以需求链整合供应链,从而把大家熟知的传统行业打碎了重构、重做一遍	全是干货,值得细读学习,并且作者的理论已经经过了他亲自操刀的实践检验,效果惊人,就在书中全景展示
	移动互联新玩法:未来商业的格局和趋势 史贤龙　著	传统商业、电商、移动互联,三个世界并存,这种新格局的玩法一定要懂	看清热点的本质,把握行业先机,一本书搞定移动互联网
	微商生意经:真实再现 33 个成功案例操作全程 伏泓霖　罗晓慧　著	本书为 33 个真实案例,分享案例主人公在做微商过程中的经验教训	案例真实,有借鉴意义
	阿里巴巴实战运营——14 招玩转诚信通 聂志新　著	本书主要介绍阿里巴巴诚信通的十四个基本推广操作,从而帮助使用诚信通的用户及企业更好地提升业绩	基本操作,很多可以边学边用,简单易学
	今后这样做品牌:移动互联时代的品牌营销策略 蒋　军　著	与移动互联紧密结合,告诉你老方法还能不能用,新方法怎么用	今后这样做品牌就对了
	互联网 +"变"与"不变":本土管理实践与创新论坛集萃·2016 本土管理实践与创新论坛　著	本土管理领域正在产生自己独特的理论和模式,尤其在移动互联时代,有很多新课题需要本土专家们一起研究	帮助读者拓宽眼界、突破思维
	创造增量市场:传统企业互联网转型之道 刘红明　著	传统企业需要用互联网思维去创造增量,而不是用电子商务去转移传统业务的存量	教你怎么在"互联网 +"的海洋中创造实实在在的增量
	重生战略:移动互联网和大数据时代的转型法则 沈　拓　著	在移动互联网和大数据时代,传统企业转型如同生命体打算与再造,称之为"重生战略"	帮助企业认清移动互联网环境下的变化和应对之道

续表

互联网+	画出公司的互联网进化路线图:用互联网思维重塑产品、客户和价值 李　蓓　著	18 个问题帮助企业一步步梳理出互联网转型思路	思路清晰、案例丰富,非常有启发性
互联网+	7 个转变,让公司 3 年胜出 李　蓓　著	消费者主权时代,企业该怎么办	这就是互联网思维,老板有能这样想,肯定倒不了
互联网+	跳出同质思维,从跟随到领先 郭　剑　著	66 个精彩案例剖析,帮助老板突破行业长期思维惯性	做企业竟然有这么多玩法,开眼界

行业类:零售、白酒、食品/快消品、农业、医药、建材家居等

	书名.作者	内容/特色	读者价值
零售·超市·餐饮·服装	总部有多强大,门店就能走多远 IBMG 国际商业管理集团　著	如何把总部做强,成为门店的坚实后盾	了解总部建设的方法与经验
零售·超市·餐饮·服装	超市卖场定价策略与品类管理 IBMG 国际商业管理集团　著	超市定价策略与品类管理实操案例和方法	拿来就能用的理论和工具
零售·超市·餐饮·服装	连锁零售企业招聘与培训破解之道 IBMG 国际商业管理集团　著	围绕零售企业组织架构、培训体系建设等内容进行深刻探讨	破解人才发现和培养瓶颈的关键点
零售·超市·餐饮·服装	中国首家未来超市:解密安徽乐城 IBMG 国际商业管理集团　著	介绍了乐城作为中国首家未来超市从无到有的传奇经历	了解新型零售超市的运作方式及管理特色
零售·超市·餐饮·服装	三四线城市超市如何快速成长:解密甘雨亭 IBMG 国际商业管理集团　著	揭秘一家三四线连锁超市的经验策略	不但可以欣赏它的优点,而且可以学会它成功的方法
零售·超市·餐饮·服装	涨价也能卖到翻 村松达夫　【日】	提升客单价的 15 种实用、有效的方法	日本企业在这方面非常值得学习和借鉴
零售·超市·餐饮·服装	移动互联下的超市升级 联商网专栏频道　著	深度解析超市转型升级重点	帮助零售企业把握全局、看清方向
零售·超市·餐饮·服装	手把手教你做专业督导:专卖店、连锁店 熊亚柱　著	从督导的职能、作用,在工作中需要的专业技能、方法,都提供了详细的解读和训练办法,同时附有大量的表单工具	无论是店铺需要统一培训,还是个人想成为优秀的督导,有这一本就够了
零售·超市·餐饮·服装	百货零售全渠道营销策略 陈继展　著	没有照本宣科、说教式的絮叨,只有笔者对行业的认知与理解,庖丁解牛式的逐项解析、展开	通俗易懂,花极少的时间快速掌握该领域的知识及趋势
零售·超市·餐饮·服装	零售:把客流变成购买力 丁　昀　著	如何通过不断升级产品和体验式服务来经营客流	如何进行体验营销,国外的好经营,这方面有启发

续表

零售·超市·餐饮·服装	**餐饮企业经营策略第一书** 吴　坚　著	分别从产品、顾客、市场、盈利模式等几个方面，对现阶段餐饮企业的发展提出策略和思路	第一本专业的、高端的餐饮企业经营指导书
	电影院的下一个黄金十年：开发·差异化·案例 李保煜　著	对目前电影院市场存大的问题及如何解决进行了探讨与解读	多角度了解电影院运营方式及代表性案例
	赚不赚钱靠店长：从懂管理到会经营 孙彩军　著	通过生动的案例来进行剖析，注重门店管理细节方面的能力提升	帮助终端门店店长在管理门店的过程中实现经营思路的拓展与突破
耐消品	**商用汽车经销商经营实战** 杜建君　王朝阳　章晓青　等著	从管理到经营，从销售到服务，系统化运作全指导	为经销商经营开阔思路，掌握方法
	汽车配件这样卖：汽车后市场销售秘诀 100 条 俞士耀　著	汽配销售业务员必读，手把手教授最实用的方法，轻松得来好业绩	快速上岗，专业实效，业绩无忧
	跟行业老手学经销商开发与管理：家电、耐消品、建材家居 黄润霖　著	全部来源于经销商管理的一线问题，作者用丰富的经验将每一个问题落实到最便捷快速的操作方法上去	书中每一个问题都是普通营销人亲口提出的，这些问题你也会遇到，作者进行的解答则精彩实用
白酒	**白酒到底如何卖** 赵海永　著	以市场实战为主，多层次、全方位、多角度地阐释了白酒一线市场操作的最新模式和方法，接地气	实操性强，37 个方法、6 大案例帮你成功卖酒
	变局下的白酒企业重构 杨永华　著	帮助白酒企业从产业视角看清趋势，找准位置，实现弯道超车的书	行业内企业要减少 90%，自己在什么位置，怎么做，都清楚了
	1. 白酒营销的第一本书（升级版） **2. 白酒经销商的第一本书** 唐江华　著	华泽集团湖南开口笑公司品牌部长，擅长酒类新品推广、新市场拓展	扎根一线，实战
	区域型白酒企业营销必胜法则 朱志明　著	为区域型白酒企业提供 35 条必胜法则，在竞争中赢销的葵花宝典	丰富的一线经验和深厚积累，实操实用
	10 步成功运作白酒区域市场 朱志明　著	白酒区域操盘者必备，掌握区域市场运作的战略、战术、兵法	在区域市场的攻伐防守中运筹帷幄，立于不败之地
	酒业转型大时代：微酒精选 2014－2015 微酒　主编	本书分为五个部分：当年大事件、那些酒业营销工具、微酒独立策划、业内大调查和十大经典案例	了解行业新动态、新观点，学习营销方法
快消品·食品	**这样打造快消品标杆市场** 罗宏文　著	帮助你解决如何成功打造标杆市场和进行持续增量管理两大问题	一套系统的方法论，通俗易懂，可以直接套用
	5 小时读懂快消品营销：中国快消品案例观察 陈海超　著	多年营销经验的一线老手把案例掰开了、揉碎了，从中得出的各种手段和方法给读者以帮助和启发	营销那些事儿的个中秘辛，求人还不一定告诉你，这本书里就有

续表

快消品·食品	快消品招商的第一本书：从入门到精通 刘　雷　著	深入浅出，不说废话，有工具方法，通俗易懂	让零基础的招商新人快速学习书中最实用的招商技能，成长为骨干人才
	乳业营销第一书 侯军伟　著	对区域乳品企业生存发展关键性问题的梳理	唯一的区域乳业营销书，区域乳品企业一定要看
	食用油营销第一书 余　盛　著	10 多年油脂企业工作经验，从行业到具体实操	食用油行业第一书，当之无愧
	中国茶叶营销第一书 柏　龑　著	如何跳出茶行业“大文化小产业”的困境，作者给出了自己的观察和思考	不是传统做茶的思路，而是现在商业做茶的思路
	调味品营销第一书 陈小龙　著	国内唯一一本调味品营销的书	唯一的调味品营销的书，调味品的从业者一定要看
	快消品营销人的第一本书：从入门到精通 刘　雷　伯建新　著	快消行业必读书，从入门到专业	深入细致，易学易懂
	变局下的快消品营销实战策略 杨永华　著	通胀了，成本增加，如何从被动应战变成主动的“系统战”	作者对快消品行业非常熟悉、非常实战
	快消品经销商如何快速做大 杨永华　著	本书完全从实战的角度，评述现象，解析误区，揭示原理，传授方法	为转型期的经销商提供了解决思路，指出了发展方向
	一位销售经理的工作心得 蒋　军　著	一线营销管理人员想提升业绩却无从下手时，可以看看这本书	一线的真实感悟
	快消品营销：一位销售经理的工作心得 2 蒋　军　著	快消品、食品饮料营销的经验之谈，重点图书	来源与实战的精华总结
	快消品营销与渠道管理 谭长春　著	将快消品标杆企业渠道管理的经验和方法分享出来	可口可乐、华润的一些具体的渠道管理经验，实战
	成为优秀的快消品区域经理（升级版） 伯建新　著	用“怎么办”分析区域经理的工作关键点，增加30%全新内容，更贴近环境变化	可以作为区域经理的“速成催化器”
	销售轨迹：一位快消品营销总监的拼搏之路 秦国伟　著	本书讲述了一个普通销售员打拼成为跨国企业营销总监的真实奋斗历程	激励人心，给广大销售员以力量和鼓舞
	快消老手都在这样做：区域经理操盘锦囊 方　刚　著	非常接地气，全是多年沉淀下来的干货，丰富的一线经验和实操方法不可多得	在市场摸爬滚打的“老油条”，那些独家绝招妙招一般你问都是问不来的
	动销四维：全程辅导与新品上市 高继中　著	从产品、渠道、促销和新品上市详细讲解提高动销的具体方法，总结作者 18 年的快消品行业经验，方法实操	内容全面系统，方法实操

续表

农业	**新农资如何换道超车** 刘祖轲　等著	从农业产业化、互联网转型、行业营销与经营突破四个方面阐述如何让农资企业占领先机、提前布局	南方略专家告诉你如何应对资源浪费、生产效率低下、产能严重过剩、价格与价值严重扭曲等
	中国牧场管理实战：畜牧业、乳业必读 黄剑黎　著	本书不仅提供了来自一线的实际经验，还收入了丰富的工具文档与表单	填补空白的行业必读作品
	中小农业企业品牌战法 韩　旭　著	将中小农业企业品牌建设的方法，从理论讲到实践，具有指导性	全面把握品牌规划，传播推广，落地执行的具体措施
	农资营销实战全指导 张　博　著	农资如何向“深度营销”转型，从理论到实践进行系统剖析，经验资深	朴实、使用！不可多得的农资营销实战指导
	农产品营销第一书 胡浪球　著	从农业企业战略到市场开拓、营销、品牌、模式等	来源于实践中的思考，有启发
	变局下的农牧企业9大成长策略 彭志雄　著	食品安全、纵向延伸、横向联合、品牌建设……	唯一的农牧企业经营实操的书，农牧企业一定要看
医药	**在中国，医药营销这样做：时代方略精选文集** 段继东　主编	专注于医药营销咨询15年，将医药营销方法的精华文章合编，深入全面	可谓医药营销领域的顶尖著作，医药界读者的必读书
	医药新营销：制药企业、医药商业企业营销模式转型 史立臣　著	医药生产企业和商业企业在新环境下如何做营销？老方法还有没有用？如何寻找新方法？新方法怎么用？本书给你答案	内容非常现实接地气，踏实谈问题说方法
	医药企业转型升级战略 史立臣　著	药企转型升级有5大途径，并给出落地步骤及风险控制方法	实操性强，有作者个人经验总结及分析
	新医改下的医药营销与团队管理 史立臣　著	探讨新医改对医药行业的系列影响和医药团队管理	帮助理清思路，有一个框架
	医药营销与处方药学术推广 马宝琳　著	如何用医学策划把“平民产品”变成“明星产品”	有真货、讲真话的作者，堪称处方药营销的经典！
	新医改，医药企业如何应对行业洗牌 林延君　沈　斌　著	一方面，围绕着变革，多角度阐述药企的应对之道；另一方面，紧扣实践，介绍近百家医药企业创新实践案例	医改变革10年，医药企业如何应对大洗牌？重磅出击的药企人必读书
	新医改了，药店就要这样开 尚　锋　著	药店经营、管理、营销全攻略	有很强的实战性和可操作性
	电商来了，实体药店如何突围 尚　锋　著	电商崛起，药店该如何突围？本书从促销、会员服务、专业性、客单价等多重角度给出了指导方向	实战攻略，拿来就能用
	OTC医药代表药店销售36计 鄢圣安　著	以《三十六计》为线，写OTC医药代表向药店销售的一些技巧与策略	案例丰富，生动真实，实操性强

续表

医药	**OTC医药代表药店开发与维护** 鄢圣安　著	要做到一名专业的医药代表,需要做什么、准备什么、知识储备、操作技巧等	医药代表药店拜访的指导手册,手把手教你快速上手
	引爆药店成交率1:店员导购实战 范月明　著	一本书解决药店导购所有难题	情景化、真实化、实战化
	引爆药店成交率2:经营落地实战 范月明　著	最接地气的经营方法全指导	揭示了药店经营的几类关键问题
	引爆药店成交率:专业化销售解决方案 范月明　著	药品搭配分析与关联销售	为药店人专业化助力
建材家居	**成为最赚钱的家具建材经销商** 李治江　著	从销售模式、产品、门店等老板们最关注和最需要的方面解决问题、提供方法	只要你是建材、家具、家居用品的经销商老板,这就是一本必读的书
	家具行业操盘手 王献永　著	家具行业问题的终结者	解决了干家具还有没有前途?为什么同城多店的家具经销商很难做大做强等问题
	建材家居营销:除了促销还能做什么 孙嘉晖　著	一线老手的深度思考,告诉你在建材家居营销模式基本停滞的今天,除了促销,营销还能怎么做	给你的想法一场革命
	建材家居营销实务 程绍珊　杨鸿贵　主编	价值营销运用到建材家居,每一步都让客户增值	有自己的系统、实战
	建材家居门店销量提升 贾同领　著	店面选址、广告投放、推广助销、空间布局、生动展示、店面运营等	门店销量提升是一个系统工程,非常系统、实战
	10步成为最棒的建材家居门店店长 徐伟泽　著	实际方法易学易用,让员工能够迅速成长,成为独当一面的好店长	只要坚持这样干,一定能成为好店长
	手把手帮建材家居导购业绩倍增:成为顶尖的门店店员 熊亚柱　著	生动的表现形式,让普通人也能成为优秀的导购员,让门店业绩长红	读着有趣,用着简单,一本在手、业绩无忧
	建材家居经销商实战42章经 王庆云　著	告诉经销商:老板怎么当、团队怎么带、生意怎么做	忠言逆耳,看着不舒服就对了,实战总结,用一招半式就值了
工业品	**销售是门专业活:B2B、工业品** 陆和平　著	销售流程就应该跟着客户的采购流程和关注点的变化向前推进,将一个完整的销售过程分成十个阶段,提供具体方法	销售不是请客吃饭拉关系,是个专业的活计!方法在手,走遍天下不愁
	解决方案营销实战案例 刘祖轲　著	用10个真案例讲明白什么是工业品的解决方案式营销,实战、实用	有干货、真正操作过的才能写得出来
	变局下的工业品企业7大机遇 叶敦明　著	产业链条的整合机会、盈利模式的复制机会、营销红利的机会、工业服务商转型机会……	工业品企业还可以这样做,思维大突破

续表

工业品	**工业品市场部实战全指导** 杜　忠　著	工业品市场部经理工作内容全指导	系统、全面、有理论、有方法,帮助工业品市场部经理更快提升专业能力
	工业品营销管理实务 李洪道　著	中国特色工业品营销体系的全面深化、工业品营销管理体系优化升级	工具更实战,案例更鲜活,内容更深化
	工业品企业如何做品牌 张东利　著	为工业品企业提供最全面的品牌建设思路	有策略、有方法、有思路、有工具
	丁兴良讲工业4.0 丁兴良　著	没有枯燥的理论和说教,用朴实直白的语言告诉你工业4.0的全貌	工业4.0是什么?本书告诉你答案
	资深大客户经理:策略准,执行狠 叶敦明　著	从业务开发、发起攻势、关系培育、职业成长四个方面,详述了大客户营销的精髓	满满的全是干货
	一切为了订单:订单驱动下的工业品营销实战 唐道明　著	其实,所有的企业都在围绕着两个字在开展全部的经营和管理工作,那就是“订单”	开发订单、满足订单、扩大订单。本书全是实操方法,字字珠玑、句句干货,教你获得营销的胜利
金融	**交易心理分析** (美)马克·道格拉斯　著 刘真如　译	作者一语道破赢家的思考方式,并提供了具体的训练方法	不愧是投资心理的第一书,绝对经典
	精品银行管理之道 崔海鹏　何　屹　主编	中小银行转型的实战经验总结	中小银行的教材很多,实战类的书很少,可以看看
	支付战争 Eric M. Jackson　著 徐　彬　王　晓　译	PayPal创业期营销官,亲身讲述PayPal从诞生到壮大到成功出售的整个历史	激烈、有趣的内幕商战故事!了解美国支付市场的风云巨变
	中外并购名著专业阅读指南 叶兴平　等著	在5000多本并购类图书中精选的200著作,在阅读的基础上写的读书评价	精挑细选200本并一一评介,省去读者挑选的烦恼,快捷、高效
	互联网时代的银行转型 韩友诚　著	以大量案例形式为读者全面展示和分析了银行的互联网金融转型应对之道	结合本土银行转型发展案例的书籍
房地产	**产业园区/产业地产规划、招商、运营实战** 阎立忠　著	目前中国第一本系统解读产业园区和产业地产建设运营的实战宝典	从认知、策划、招商到运营全面了解地产策划
	人文商业地产策划 戴欣明　著	城市与商业地产战略定位的关键是不可复制性,要发现独一无二的“味道”	突破千城一面的策划困局
	电影院的下一个黄金十年:开发·差异化·案例 李保煜　著	对目前电影院市场存大的问题及如何解决进行了探讨与解读	多角度了解电影院运营方式及代表性案例
能源	**全能型班组:城市能源互联网与电力班组升级** 国网天津市电力公司　编著	借鉴国内外优秀企业的转型升级思路,通过对于新型班组组织模式和运行机制的大胆设想,力图构建充分适应内外环境变化的全能型班组	看看庞大的国企在新环境下是如何顺应时代的
	国网天津电力全能型班组建设实务 国网天津市电力公司　编著	本书聚焦于天津电力公司在探索全能型班组转型升级时的优秀实践	电力行业的班组实践,具体、可操作性强

续表

经营类：企业如何赚钱，如何抓机会，如何突破，如何“开源”			
	书名．作者	内容/特色	读者价值
抓方向	让经营回归简单．升级版 宋新宇　著	化繁为简抓住经营本质：战略、客户、产品、员工、成长	经典，做企业就这几个关键点！
	混沌与秩序Ⅰ：变革时代企业领先之道 混沌与秩序Ⅱ：变革时代管理新思维 彭剑锋　尚艳玲　主编	汇集华夏基石专家团队10年来研究成果，集中选择了其中的精华文章编纂成册	作者都是既有深厚理论积淀又有实践经验的重磅专家，为中国企业和企业家的未来提出了高屋建瓴的观点
	活系统：跟任正非学当老板 孙行健　尹　贤　著	以任正非的独到视角，教企业老板如何经营公司	看透公司经营本质，激活企业活力
	重构：快消品企业重生之道 杨永华　著	从7个角度，帮助企业实现系统性的改造	提供转型思想与方法，值得参考
	公司由小到大要过哪些坎 卢　强　著	老板手里的一张“企业成长路线图”	现在我在哪儿，未来还要走哪些路，都清楚了
	企业二次创业成功路线图 夏惊鸣　著	企业曾经抓住机会成功了，但下一步该怎么办？	企业怎样获得第二次成功，心里有个大框架了
	老板经理人双赢之道 陈　明　著	经理人怎养选平台、怎么开局，老板怎样选/育/用/留	老板生闷气，经理人牢骚大，这次知道该怎么办了
	简单思考：AMT 咨询创始人自述 孔祥云　著	著名咨询公司（AMT）的CEO 创业历程中点点滴滴的经验与思考	每一位咨询人，每一位创业者和管理经营者，都值得一读
	企业文化的逻辑 王祥伍　黄健江　著	为什么企业绩效如此不同，解开绩效背后的文化密码	少有的深刻，有品质，读起来很流畅
	使命驱动企业成长 高可为　著	钱能让一个人今天努力，使命能让一群人长期努力	对于想做事业的人，‘使命’是绕不过去的
思维突破	盈利原本就这么简单 高可为　著	从财务的角度揭示企业盈利的秘密	多方面解读商业模式与盈利的关系，通俗易懂，受益匪浅
	移动互联新玩法：未来商业的格局和趋势 史贤龙　著	传统商业、电商、移动互联，三个世界并存，这种新格局的玩法一定要懂	看清热点的本质，把握行业先机，一本书搞定移动互联网
	画出公司的互联网进化路线图：用互联网思维重塑产品、客户和价值 李　蓓　著	18个问题帮助企业一步步梳理出互联网转型思路	思路清晰、案例丰富，非常有启发性
	重生战略：移动互联网和大数据时代的转型法则 沈　拓　著	在移动互联网和大数据时代，传统企业转型如同生命体打算与再造，称之为“重生战略”	帮助企业认清移动互联网环境下的变化和应对之道
	创造增量市场：传统企业互联网转型之道 刘红明　著	传统企业需要用互联网思维去创造增量，而不是用电子商务去转移传统业务的存量	教你怎么在“互联网＋”的海洋中创造实实在在的增量

续表

思维突破	**7个转变,让公司3年胜出** 李蓓 著	消费者主权时代,企业该怎么办	这就是互联网思维,老板有能这样想,肯定倒不了
	跳出同质思维,从跟随到领先 郭剑 著	66个精彩案例剖析,帮助老板突破行业长期思维惯性	做企业竟然有这么多玩法,开眼界
	麻烦就是需求 难题就是商机 卢根鑫 著	如何借助客户的眼睛发现商机	什么是真商机,怎么判断、怎么抓,有借鉴
	互联网+"变"与"不变":本土管理实践与创新论坛集萃·2016 本土管理实践与创新论坛 著	加速本土管理思想的孕育诞生,促进本土管理创新成果更好地服务企业、贡献社会	各个作者本年度最新思想,帮助读者拓宽眼界、突破思维
	消费升级:实践 研究(文集) 本土管理实践与创新论坛 著	38位管理专家及7位学者的精华思想,从经营、管理、行业及思想研究四个方面阐述中国企业在消费升级下的实践与研究	思想启发,行业借鉴
财务	**写给企业家的公司与家庭财务规划——从创业成功到富足退休** 周荣辉 著	本书以企业的发展周期为主线,写各阶段企业与企业主家庭的财务规划	为读者处理人生各阶段企业与家庭的财务问题提供建议及方法,让家庭成员真正享受财富带来的益处
	互联网时代的成本观 程翔 著	本书结合互联网时代提出了成本的多维观,揭示了多维组合成本的互联网精神和大数据特征,论述了其产生背景、实现思路和应用价值	在传统成本观下为盈利的业务,在新环境下也许就成为亏损业务。帮助管理者从新的角度来看待成本,进一步做好精益管理

管理类:效率如何提升,如何实现经营目标,如何"节流"

	书名.作者	内容/特色	读者价值
通用管理	**让管理回归简单·升级版** 宋新宇 著	从目标、组织、决策、授权、人才和老板自己层面教你怎样做管理	帮助管理抓住管理的要害,让管理变得简单
	让经营回归简单·升级版 宋新宇 著	从战略、客户、产品、员工、成长、经营者自身等七个方面,归纳总结出简单有效的经营法则	总结出的真正优秀企业的成功之道:简单
	让用人回归简单 宋新宇 著	从用人的原则、用人的难题与误区、用人的方法和用人者的修炼四大方面,总结出适合中小企业做好人才管理工作的法则	帮助管理者抓住用人的要害,让用人变得简单
	历史深处的管理智慧1:组织建设与用人之道 刘文瑞 著	对历史之典故、政事、人事、政制进行管理解析,鉴照企业人才的选用育留	推动理论与实践的对接,实现理性与情感的渗透,用中国话语说明管理智慧
	历史深处的管理智慧2:战略决策与经营运作 刘文瑞 著	对历史之典故、政事、人事、政制进行管理解析,鉴照企业战略设计与经营实践	推动理论与实践的对接,实现理性与情感的渗透,用中国话语说明管理智慧

续表

通用管理	历史深处的管理智慧3:领导修炼与文化素养 刘文瑞　著	对历史之典故、政事、人事、政制进行管理解析,鉴照企业领导职业能力提升与文化修养	推动理论与实践的对接,实现理性与情感的渗透,用中国话语说明管理智慧
	管理的尺度 刘文瑞　著	对管理中的种种普遍性问题进行了批评	提高把握管理尺度的能力
	管理学在中国 刘文瑞　著	系统性介绍了管理学在中国的发展和演变	了解管理学在中国的发展脉络,更清晰理解管理学的本质
	管理:以规则驾驭人性 王春强　著	详细解读企业规则的制定方法	从人与人博弈角度提升管理的有效性
	员工心理学超级漫画版 邢　雷　著	以漫画的形式深度剖析员工心理	帮助管理者更了解员工,从而更轻松地管理员工
	老板有想法,高层有干法:企业中的将、帅之道 王清华　著	深入剖析老板与高管的异同	各司其职,各行其是,相辅相成
	分股合心:股权激励这样做 段磊　周剑　著	通过丰富的案例,详细介绍了股权激励的知识和实行方法	内容丰富全面、易读易懂,了解股权激励,有这一本就够了
	边干边学做老板 黄中强　著	创业20多年的老板,有经验、能写、又愿意分享,这样的书很少	处处共鸣,帮助中小企业老板少走弯路
	成为敏感而体贴的公司 王　涛　著	本书为作者对企业的观察和冥想的随笔记录。从生活中的一个现象入手,进而探索现象背后的本质	从全新角度认识公司
	中国企业的觉醒:正直 善良 成长 王　涛　著	围绕着企业人如何发生转化展开,对中国人、中国文化及由此导致的企业现状的观察和思考	企业除了要利润,还需要道德
	有意识的思考:轻松化解问题的7个思考习惯 王　涛　著	本书是对思想、思考过程、思考方式进行的细致观察	养成好的思考习惯,更深刻地看问题
	中国式阿米巴落地实践之从交付到交易 胡八一　著	本书主要讲述阿米巴经营会计,"从交付到交易",这是成功实施了阿米巴的标志	阿米巴经营会计的工作是有逻辑关联的,一本书就能搞定
	中国式阿米巴落地实践之激活组织 胡八一　著	重点讲解如何科学划分阿米巴单元,阐述划分的实操要领、思路、方法、技术与工具	最大限度减少"推行风险"和"摸索成本",利于公司成功搭建适合自身的个性化阿米巴经营体系
	集团化企业阿米巴实战案例 初勇钢　著	一家集团化企业阿米巴实施案例	指导集团化企业系统实施阿米巴
	阿米巴经营的中国模式 李志华　著	让员工从"要我干"到"我要干",价值量化出来	阿米巴在企业如何落地,明白思路了
	欧博心法:好管理靠修行 曾　伟　著	用佛家的智慧,深刻剖析管理问题,见解独到	如果真的有'中国式管理',曾老师是其中标志性人物
	领导这样点燃你的下属 孟广桥　著	领导者如何才能让员工积极主动地工作?如何让你的员工和下属保持工作的热情,自动自发?看了这本书就知道	只要你希望手下的"兵将"永远充满工作的斗志,这本书将使你获益良多

续表

流程管理	**1. 用流程解放管理者** **2. 用流程解放管理者 2** 张国祥　著	中小企业阅读的流程管理、企业规范化的书	通俗易懂,理论和实践的结合恰到好处
	跟我们学建流程体系 陈立云　著	畅销书《跟我们学做流程管理》系列,更实操,更细致,更深入	更多地分享实践,分享感悟,从实践总结出来的方法论
质量管理	**IATF16949 质量管理体系详解与案例文件汇编:TS16949 转版 IATF16949:2016** 谭洪华　著	针对 IATF 的新标准做了详细的解说,同时指出了一些推行中容易犯的错误,提供了大量的表单、案例	案例、表单丰富,拿来就用
	五大质量工具详解及运用案例:APQP/FMEA/PPAP/MSA/SPC 谭洪华　著	对制造业必备的五大质量工具中每个文件的制作要求、注意事项、制作流程、成功案例等进行了解读	通俗易懂、简便易行,能真正实现学以致用
	ISO9001:2015 新版质量管理体系详解与案例文件汇编 谭洪华　著	紧密围绕 2015 年新版质量管理体系文件逐条详细解读,并提供可以直接套用的案例工具,易学易上手	企业质量管理认证、内审必备
	ISO14001:2015 新版环境管理体系详解与案例文件汇编 谭洪华　著	紧密围绕 2015 年新版环境管理体系文件逐条详细解读,并提供可以直接套用的案例工具,易学易上手	企业环境管理认证、内审必备
	SA8000:2014 社会责任管理体系认证实战 吕　林　著	作者根据自己的操作经验,按认证的流程,以相关案例进行说明 SA8000 认证体系	简单,实操性强,拿来就能用
	精益质量管理实战工具 贺小林　著	制造类企业日常工作中所需要的精益管理工具的归纳整理,并进行案例操作的细致分析	可以直接参考,实际解决生产中的具体问题
战略落地	**重生——中国企业的战略转型** 施　炜　著	从前瞻和适用的角度,对中国企业战略转型的方向、路径及策略性举措提出了一些概要性的建议和意见	对企业有战略指导意义
	公司大了怎么管:从靠英雄到靠组织 AMT 金国华　著	第一次详尽阐释中国快速成长型企业的特点、问题及解决之道	帮助快速成长型企业领导及管理团队理清思路,突破瓶颈
	低效会议怎么改:每年节省一半会议成本的秘密 AMT 王玉荣　著	教你如何系统规划公司的各级会议,一本工具书	教会你科学管理会议的办法
	年初订计划,年尾有结果:战略落地七步成诗 AMT 郭晓　著	7 个步骤教会你怎么让公司制定的战略转变为行动	系统规划,有效指导计划实现

续表

人力资源	**HRBP 是这样炼成的之"菜鸟起飞"** 新　海　著	以小说的形式,具体解析 HRBP 的职责,应该如何操作,如何为业务服务	实践者的经验分享,内容实务具体,形式有趣
	HRBP 是这样炼成的之中级修炼 新　海　著	本书以案例故事的方式,介绍了 HRBP 在实际工作中碰到的问题和挑战	书中的 HR 解决方案讲究因时因地制宜、简单有效的原则,重在启发读者思路,可供各类企业 HRBP 借鉴
	HRBP 是这样炼成的之高级修炼 新　海　著	以故事的形式,展现了 HRBP 工作者在职业发展路上的层层深入和递进	为读者提供 HRBP 在实际工作中遇到种种问题的解决方案
	把面试做到极致:首席面试官的人才甄选法 孟广桥　著	作者用自己几十年的人力资源经验总结出的一套实用的确定岗位招聘标准、提升面试官技能素质的简便方法	面试官必备,没有空泛理论,只有巧妙的实操技能
	人力资源体系与 e-HR 信息化建设 刘书生　陈　莹　王美佳　著	将作者经历的人力资源管理变革、人力资源管理信息化咨询项目方法论、工具和成果全面展现给读者,使大家能够将其快速应用到管理实践中	系统性非常强,没有废话,全部是浓缩的干货
	回归本源看绩效 孙　波　著	让绩效回顾"改进工具"的本源,真正为企业所用	确实是来源于实践的思考,有共鸣
	世界 500 强资深培训经理人教你做培训管理 陈　锐　著	从 7 大角度具体细致地讲解了培训管理的核心内容	专业、实用、接地气
	曹子祥教你做激励性薪酬设计 曹子祥　著	以激励性为指导,系统性地介绍了薪酬体系及关键岗位的薪酬设计模式	深入浅出,一本书学会薪酬设计
	曹子祥教你做绩效管理 曹子祥　著	复杂的理论通俗化,专业的知识简单化,企业绩效管理共性问题的解决方案	轻松掌握绩效管理
	把招聘做到极致 远　鸣　著	作为世界 500 强高级招聘经理,作者数十年招聘经验的总结分享	带来职场思考境界的提升和具体招聘方法的学习
	人才评价中心．超级漫画版 邢　雷　著	专业的主题,漫画的形式,只此一本	没想到一本专业的书,能写成这效果
	走出薪酬管理误区 全怀周　著	剖析薪酬管理的 8 大误区,真正发挥好枢纽作用	值得企业深读的实用教案
	集团化人力资源管理实践 李小勇　著	对搭建集团化的企业很有帮助,务实,实用	最大的亮点不是理论,而是结合实际的深入剖析
	我的人力资源咨询笔记 张　伟　著	管理咨询师的视角,思考企业的 HR 管理	通过咨询师的眼睛对比很多企业,有启发
	本土化人力资源管理 8 大思维 周　剑　著	成熟 HR 理论,在本土中小企业实践中的探索和思考	对企业的现实困境有真切体会,有启发

续表

企业文化	**36个拿来就用的企业文化建设工具** 海融心胜　主编	数十个工具，为了方便拿来就用，每一个工具都严格按照工具属性、操作方法、案例解读划分，实用、好用	企业文化工作者的案头必备书，方法都在里面，简单易操作
	企业文化建设超级漫画版 邢　雷　著	以漫画的形式系统教你企业文化建设方法	轻松易懂好操作
	华夏基石方法：企业文化落地本土实践 王祥伍　谭俊峰　著	十年积累、原创方法、一线资料，和盘托出	在文化落地方面真正有洞察，有实操价值的书
	企业文化的逻辑 王祥伍　著	为什么企业之间如此不同，解开绩效背后的文化密码	少有的深刻，有品质，读起来很流畅
	企业文化激活沟通 宋杼宸　安　琪　著	透过新任HR总经理的眼睛，揭示出沟通与企业文化的关系	有实际指导作用的文化落地读本
	在组织中绽放自我：从专业化到职业化 朱仁健　王祥伍　著	个人如何融入组织，组织如何助力个人成长	帮助企业员工快速认同并投入到组织中去，为企业发展贡献力量
	企业文化定位·落地一本通 王明胤　著	把高深枯燥的专业理论创建成一套系统化、实操化、简单化的企业文化缔造方法	对企业文化不了解，不会做？有这一本从概念到实操，就够了
生产管理	**精益思维：中国精益如何落地** 刘承元　著	笔者二十余年企业经营和咨询管理的经验总结	中国企业需要灵活运用精益思维，推动经营要素与管理机制的有机结合，推动企业管理向前发展
	300张现场图看懂精益5S管理 乐　涛　编著	5S现场实操详解	案例图解，易懂易学
	高员工流失率下的精益生产 余伟辉　著	中国的精益生产必须面对和解决高员工流失率问题	确实来源于本土的工厂车间，很务实
	车间人员管理那些事儿 岑立聪　著	车间人员管理中处理各种"疑难杂症"的经验和方法	基层车间管理者最闹心、头疼的事，'打包'解决
	1. 欧博心法：好管理靠修行 **2. 欧博心法：好工厂这样管** 曾　伟　著	他是本土最大的制造业管理咨询机构创始人，他从400多个项目、上万家企业实践中锤炼出的欧博心法	中小制造型企业，一定会有很强的共鸣
	欧博工厂案例1：生产计划管控对话录 **欧博工厂案例2：品质技术改善对话录** **欧博工厂案例3：员工执行力提升对话录** 曾　伟　著	最典型的问题、最详尽的解析，工厂管理9大问题27个经典案例	没想到说得这么细，超出想象，案例很典型，照搬都可以了
	工厂管理实战工具 欧博企管　编著	以传统文化为核心的管理工具	适合中国工厂

续表

生产管理	**苦中得乐：管理者的第一堂必修课** 曾　伟　编著	曾伟与师傅大愿法师的对话，佛学与管理实践的碰撞，管理禅的修行之道	用佛学最高智慧看透管理
	比日本工厂更高效1：管理提升无极限 刘承元　著	指出制造型企业管理的六大积弊；颠覆流行的错误认知；掌握精益管理的精髓	每一个企业都有自己不同的问题，管理没有一剑封喉的秘笈，要从现场、现物、现实出发
	比日本工厂更高效2：超强经营力 刘承元　著	企业要获得持续盈利，就要开源和节流，即实现销售最大化，费用最小化	掌握提升工厂效率的全新方法
	比日本工厂更高效3：精益改善力的成功实践 刘承元　著	工厂全面改善系统有其独特的目的取向特征，着眼于企业经营体质（持续竞争力）的建设与提升	用持续改善力来飞速提升工厂的效率，高效率能够带来意想不到的高效益
	3A顾问精益实践1：IE与效率提升 党新民　苏迎斌　蓝旭日著	系统的阐述了IE技术的来龙去脉以及操作方法	使员工与企业持续获利
	3A顾问精益实践2：JIT与精益改善 肖志军　党新民　著	只在需要的时候，按需要的量，生产所需的产品	提升工厂效率
	手把手教你做专业的生产经理 黄　娜　著	物流、信息流、资金流，让生产经理管理有抓手	从菜鸟到能把控全局
员工素质提升	**TTT培训师精进三部曲（上）：深度改善现场培训效果** 廖信琳　著	现场把控不用慌，这里有妙招一用就灵	课程现场无论遇到什么样的情况都能游刃有余
	TTT培训师精进三部曲（中）：构建最有价值的课程内容 廖信琳　著	这样做课程内容，学员有收获 培训师也有收获	优质的课程内容是树立个人品牌的保证
	TTT培训师精进三部曲（下）：职业功力沉淀与修为提升 廖信琳　著	从内而外提升自己，职业的道路一帆风顺	走上职业TTT内训师的康庄大道
	培训师，如何让你的事业长青：自我管理的10项法则 廖信琳　著	建立了一套完整的培训师自我管理体系，为培训师的职业成长与发展提供有益的指引	培训师如何在自己的职业道路上越走越高，事业长青，一直有所收获与成长？本书将给你答案
	管理咨询师的第一本书：百万年薪 千万身价 熊亚柱　著	从问题出发，发现问题、分析问题、解决问题，让两眼一抹黑的新人快速成长	管理咨询师初入职场，让这本书开启百万年薪之路
	手把手教你做专业督导：专卖店、连锁店 熊亚柱　著	从督导的职能、作用，在工作中需要的专业技能、方法，都提供了详细的解读和训练办法，同时附有大量的表单工具	无论是店铺需要统一培训，还是个人想成为优秀的督导，有这一本就够了

续表

<table>
<tr><td rowspan="5">员工素质提升</td><td>跟老板“偷师”学创业
吴江萍　余晓雷　著</td><td>边学边干，边观察边成长，你也可以当老板</td><td>不同于其他类型的创业书，让你在工作中积累创业经验，一举成功</td></tr>
<tr><td>销售轨迹：一位快消品营销总监的拼搏之路
秦国伟　著</td><td>本书讲述了一个普通销售员打拼成为跨国企业营销总监的真实奋斗历程</td><td>激励人心，给广大销售员以力量和鼓舞</td></tr>
<tr><td>在组织中绽放自我：从专业化到职业化
朱仁健　王祥伍　著</td><td>个人如何融入组织，组织如何助力个人成长</td><td>帮助企业员工快速认同并投入到组织中去，为企业发展贡献力量</td></tr>
<tr><td>企业员工弟子规：用心做小事，成就大事业
贾同领　著</td><td>从传统文化《弟子规》中学习企业中为人处事的办法，从自身做起</td><td>点滴小事，修养自身，从自身的改善得到事业的提升</td></tr>
<tr><td>手把手教你做顶尖企业内训师：TTT培训师宝典
熊亚柱　著</td><td>从课程研发到现场把控、个人提升都有涉及，易读易懂，内容丰富全面</td><td>想要做企业内训师的员工有福了，本书教你如何抓住关键，从入门到精通</td></tr>
<tr><td colspan="4">营销类：把客户需求融入企业各环节，提供“客户认为”有价值的东西</td></tr>
<tr><td></td><td>书名.作者</td><td>内容/特色</td><td>读者价值</td></tr>
<tr><td rowspan="10">营销模式</td><td>精品营销战略
杜建君　著</td><td>以精品理念为核心的精益战略和营销策略</td><td>用精品思维赢得高端市场</td></tr>
<tr><td>变局下的营销模式升级
程绍珊　叶　宁　著</td><td>客户驱动模式、技术驱动模式、资源驱动模式</td><td>很多行业的营销模式被颠覆，调整的思路有了！</td></tr>
<tr><td>卖轮子
科克斯【美】</td><td>小说版的营销学！营销理念巧妙贯穿其中，贵在既有趣，又有深度</td><td>经典、有趣！一个故事读懂营销精髓</td></tr>
<tr><td>动销操盘：节奏掌控与社群时代新战法
朱志明　著</td><td>在社群时代把握好产品生产销售的节奏，解析动销的症结，寻找动销的规律与方法</td><td>都是易读易懂的干货！对动销方法的全面解析和操盘</td></tr>
<tr><td>弱势品牌如何做营销
李政权　著</td><td>中小企业虽有品牌但没名气，营销照样能做的有声有色</td><td>没有丰富的实操经验，写不出这么具体、详实的案例和步骤，很有启发</td></tr>
<tr><td>老板如何管营销
史贤龙　著</td><td>高段位营销16招，好学好用</td><td>老板能看，营销人也能看</td></tr>
<tr><td>洞察人性的营销战术：沈坤教你28式
沈　坤　著</td><td>28个匪夷所思的营销怪招令人拍案叫绝，涉及商业竞争的方方面面，大部分战术可以直接应用到企业营销中</td><td>各种谋略得益于作者的横向思维方式，将其操作过的案例结合其中，提供的战术对读者有参考价值</td></tr>
<tr><td>动销：产品是如何畅销起来的
吴江萍　余晓雷　著</td><td>真真切切告诉你，产品究竟怎么才能卖出去</td><td>击中痛点，提供方法，你值得拥有</td></tr>
<tr><td>1000铁杆女粉丝
张兵武　著</td><td>连接是女性与生俱来的特质。能善用连接的营销人员，就像拿到打开女性荷包的钥匙</td><td>重新认识女性的传播力量</td></tr>
<tr><td>360°谈营销：一位营销咨询师20年实战洞察
王清华　古怀亮　著</td><td>各个角度，全方位，多视点剥营销</td><td>思路单一，此书帮你破</td></tr>
</table>

续表

销售	资深大客户经理:策略准,执行狠 叶敦明　著	从业务开发、发起攻势、关系培育、职业成长四个方面,详述了大客户营销的精髓	满满的全是干货
	成为资深的销售经理:B2B、工业品 陆和平　著	围绕"销售管理的六个关键控制点"一一展开,提供销售管理的专业、高效方法	方法和技术接地气,拿来就用,从销售员成长为经理不再犯难
	销售是门专业活:B2B、工业品 陆和平　著	销售流程就应该跟着客户的采购流程和关注点的变化向前推进,将一个完整的销售过程分成十个阶段,提供具体方法	销售不是请客吃饭拉关系,是个专业的活计!方法在手,走遍天下不愁
	向高层销售:与决策者有效打交道 贺兵一　著	一套完整有效的销售策略	有工具,有方法,有案例,通俗易懂
	卖轮子 科克斯　【美】	小说版的营销学!营销理念巧妙贯穿其中,贵在既有趣,又有深度	经典、有趣!一个故事读懂营销精髓
	学话术　卖产品 张小虎　著	分析常见的顾客异议,将优秀的话术模块化	让普通导购员也能成为销售精英
组织和团队	升级你的营销组织 程绍珊　吴越舟　著	用"有机性"的营销组织替代"营销能人",营销团队变成"铁营盘"	营销队伍最难管,程老师不愧是营销第1操盘手,步骤方法都很成熟
	用数字解放营销人 黄润霖　著	通过量化帮助营销人员提高工作效率	作者很用心,很好的常备工具书
	成为优秀的快消品区域经理(升级版) 伯建新　著	用"怎么办"分析区域经理的工作关键点,增加30%全新内容,更贴近环境变化	可以作为区域经理的"速成催化器"
	成为资深的销售经理:B2B、工业品 陆和平　著	围绕"销售管理的六个关键控制点"一一展开,提供销售管理的专业、高效方法	方法和技术接地气,拿来就用,从销售员成长为经理不再犯难
	一位销售经理的工作心得 蒋　军　著	一线营销管理人员想提升业绩却无从下手时,可以看看这本书	一线的真实感悟
	快消品营销:一位销售经理的工作心得2 蒋　军　著	快消品、食品饮料营销的经验之谈,重点突出	来源于实战的精华总结
	销售轨迹:一位快消品营销总监的拼搏之路 秦国伟　著	本书讲述了一个普通销售员打拼成为跨国企业营销总监的真实奋斗历程	激励人心,给广大销售员以力量和鼓舞
	用营销计划锁定胜局:用数字解放营销人2 黄润霖　著	全方位教你怎么做好营销计划,好学好用真简单	照搬套用就行,做营销计划再也不头痛
	快消品营销人的第一本书:从入门到精通 刘　雷　伯建新　著	快消行业必读书,从入门到专业	深入细致,易学易懂

续表

产品	**产品研发管理实战** 任彭枞　编著	产品研发管理体系全指导	既有工具，又能开拓思路
	新产品开发管理，就用 IPD 郭富才　著	10 年 IPD 研发管理咨询总结，国内首部 IPD 专业著作	一本书掌握 IPD 管理精髓
	资深项目经理这样做新产品开发管理 秦海林　著	以 IPD 为思想，系统讲解新产品开管理的细节	提供管理思路和实用工具
	产品炼金术Ⅰ：如何打造畅销产品 史贤龙　著	满足不同阶段、不同体量、不同行业企业对产品的完整需求	必须具备的思维和方法，避免在产品问题上走弯路
	产品炼金术Ⅱ：如何用产品驱动企业成长 史贤龙　著	做好产品、关注产品的品质，就是企业成功的第一步	必须具备的思维和方法，避免在产品问题上走弯路
品牌	**中小企业如何建品牌** 梁小平　著	中小企业建品牌的入门读本，通俗、易懂	对建品牌有了一个整体框架
	采纳方法：破解本土营销 8 大难题 朱玉童　编著	全面、系统、案例丰富、图文并茂	希望在品牌营销方面有所突破的人，应该看看
	中国品牌营销十三战法 朱玉童　编著	采纳 20 年来的品牌策划方法，同时配有大量的案例	众包方式写作，丰富案例给人启发，极具价值
	今后这样做品牌：移动互联时代的品牌营销策略 蒋　军　著	与移动互联紧密结合，告诉你老方法还能不能用，新方法怎么用	今后这样做品牌就对了
	中小企业如何打造区域强势品牌 吴　之　著	帮助区域的中小企业打造自身品牌，如何在强壮自身的基础上往外拓展	梳理误区，系统思考品牌问题，切实符合中小区域品牌的自身特点进行阐述
渠道通路	**快消品营销与渠道管理** 谭长春　著	将快消品标杆企业渠道管理的经验和方法分享出来	可口可乐、华润的一些具体的渠道管理经验，实战
	传统行业如何用网络拿订单 张　进　著	给老板看的第一本网络营销书	适合不懂网络技术的经营决策者看
	采纳方法：化解渠道冲突 朱玉童　编著	系统剖析渠道冲突，21 个渠道冲突案例、情景式讲解，37 篇讲义	系统、全面
	学话术　卖产品 张小虎　著	分析常见的顾客异议，将优秀的话术模块化	让普通导购员也能成为销售精英
	向高层销售：与决策者有效打交道 贺兵一　著	一套完整有效的销售策略	有工具，有方法，有案例，通俗易懂
	通路精耕操作全解：快消品 20 年实战精华 周　俊　陈小龙　著	通路精耕的详细全解，每一步的具体操作方法和表单全部无保留提供	康师傅二十年的经验和精华，实践证明的最有效方法，教你如何主宰通路

续表

管理者读的文史哲·生活			
	书名.作者	内容/特色	读者价值
思想·文化	德鲁克管理思想解读 罗　珉　著	用独特视角和研究方法，对德鲁克的管理理论进行了深度解读与剖析	不仅是摘引和粗浅分析，还是作者多年深入研究的成果，非常可贵
	德鲁克与他的论敌们：马斯洛、戴明、彼得斯 罗　珉　著	几位大师之间的论战和思想碰撞令人受益匪浅	对大师们的观点和著作进行了大量的理论加工，去伪存真、去粗存精，同时有自己独特的体系深度
	德鲁克管理学 张远凤　著	本书以德鲁克管理思想的发展为线索，从一个侧面展示了20世纪管理学的发展历程	通俗易懂，脉络清晰
	王阳明"万物一体"论：从"身－体"的立场看（修订版） 陈立胜　著	以身体哲学分析王阳明思想中的"仁"与"乐"	进一步了解传统文化，了解王阳明的思想
	自我与世界：以问题为中心的现象学运动研究 陈立胜　著	以问题为中心，对现象学运动中的"意向性""自我""他人""身体"及"世界"各核心议题之思想史背景与内在发展理路进行深入细致的分析	深入了解现象学中的几个主要问题
	作为身体哲学的中国古代哲学 张再林　著	上篇为中国古代身体哲学理论体系奠基性部分，下篇对由"上篇"所开出的中国身体哲学理论体系的进一步的阐发和拓展	了解什么是真正原生态意义上的中国哲学，把中国传统哲学与西方传统哲学加以严格区别
	中西哲学的歧异与会通 张再林　著	本书以一种现代解释学的方法，对中国传统哲学内在本质尝试一种全新的和全方位的解读	发掘出掩埋在古老传统形式下的现代特质和活的生命，在此基础上揭示中西哲学"你中有我，我中有你"之旨
	治论：中国古代管理思想 张再林　著	本书主要从儒、法墨三家阐述中国古代管理思想	看人本主义的管理理论如何不留斧痕地克服似乎无法调解的存在于人类社会行为与社会组织中的种种两难和对立
	车过麻城 再晤李贽 张再林　著	系统全面而又简明扼要地展示了李贽独到的学术眼力和超拔的理论建树	帮助读者重新认识李贽的思想
	中国古代政治制度（修订版）上：皇帝制度与中央政府 刘文瑞　著	全面论证了古代皇帝制度的形成和演变的历程	有助于读者从政治制度角度了解中国国情的历史渊源
	中国古代政治制度（修订版）下：地方体制与官僚制度 刘文瑞　著	全面论证了古代地方政府的发展演变过程	有助于读者从政治制度角度了解中国国情的历史渊源

续表

思想·文化	**中国思想文化十八讲（修订版）** 张茂泽　著	中国古代的宗教思想文化，如对祖先崇拜、儒家天命观、中国古代关于“神”的讨论等	宗教文化和人生信仰或信念紧密相联，在文化转型时期学习和研究中国宗教文化就有特别的现实意义
	史幼波《大学》讲记 史幼波　著	用儒释道的观点阐释大学的深刻思想	一本书读懂传统文化经典
	史幼波《周子通书》《太极图说》讲记 史幼波　著	把形而上的宇宙、天地，与形而下的社会、人生、经济、文化等融合在一起	将儒家的一整套学修系统融合起来
	史幼波《中庸》讲记（上下册） 史幼波　著	全面、深入浅出地揭示儒家中庸文化的真谛	儒释道三家思想融会贯通
	梁涛讲《孟子》之万章篇 梁　涛　著	《万章》主要记录孟子与万章的对话，涉及孝道、亲情、友情、出仕为官等	作者的解读能帮助读者更好地理解孟子及儒学
	两晋南北朝十二讲（修订版） 李文才　著	作为一本普及性读物，作者尊重史实，运用“历史心理学”的叙事方法，分12个专题对两晋南北朝的历史进行阐述	让读者轻松了解两晋南北朝的历史
	每个中国人身上的春秋基因 史贤龙　著	春秋368年（公元前770－公元前403年），每一个中国人都可以在这段时期的历史中找到自己的祖先，看到真实发生的事件，同时也看到自己	长情商、识人心
	与《老子》一起思考：德篇 史贤龙　著	打通文史，回归哲慧，纵贯古今，放眼中外，妙语迭出，在当今的老子读本中别具一格	深读有深读的回味，浅尝有浅尝的机敏，可给读者不同的启发
	说服天下：《鬼谷子》的中国沟通术 翟玉忠　著	由内圣而外王，从心力的培育到具体的说服理论，再到生动的说服案例	从商业到军事再到日常生活，沟通说服已经变得越来越重要
	郑子太极拳理拳法 杨竣雄　著	走进郑子太极拳完整训练体系的大门，随着书中另一主角——师父的课程安排与每日功课的练习	当您学完这套书后，在掌握拳架的同时具备诸多正确的太极理念与系统知识
	内功太极拳训练教程 王铁仁　编著	杨式（内功）太极拳（俗称老六路）的详细介绍及具体修炼方法，身心的一次升华	书中含有大量图解并有相关视频供读者同步学习
	中医治心脏病 马宝琳　著	引用众多真实案例，客观真实地讲述了中西医对于心脏病的认识及治疗方法	看完这本书，能为您节约10万元医药费